沉着 著

大道思語

作家出版社

·作者简介·

陈卓　笔名沉着，1985年3月出生，江西进贤人。曾任高校宣传部门负责人和全国百强高校官方微信公众号总策划，负责三部国家重大理论文献电视片创拍统筹工作，获“中国正能量十佳网络精品”。担任党的二十大、全国两会代表团秘书组工作成员。出版专著《走笔大学》。现供职于中央某机关。

《大道思语》，文章为思想而写，为美而写。

——著名散文家、政论家、人民日报社原副总编辑　梁衡

大道又增色

全国政协常委、中国作协副主席、茅盾文学奖获得者 陈彦

任何一个作家的作品都不会脱离于他生活的时代和曾经生存过的环境。江南的雨孕育的是敏锐，关中的风带来的是雄浑，戎装的情砥砺的是正气，陈卓给我的感觉就是如此，《大道思语》又证明了这些。该书语言清澈厚重，立意高远深刻，把其当作一部杂文来读可以，当成一部散文去品也行，细腻深邃的笔触里流淌的是向着大道走的大光明、大格局和大情怀，让红色的地带更红，让新时代的思考愈新。

一本好书的定义是值得重读一遍，书的内容比它的名字要生动得多。《大道思语》许多短文值得细细思量品味，读完带来的是能量和宁静、触动和沉思、美好和温暖。某种程度上说，这是一部时代文学，与社会共呼吸，与时代共振奋，没有风花雪月，却有铁马秋风。

为文最难能可贵的是，戴着镣铐跳舞，又充分表达属于自己的独立价值判断和审美论断。文天祥在《正气歌》中曾说，风檐展书读，古道照颜色。读完《大道思语》，我想说，春日展书读，大道又增色。

以笔为剑有琴心

中国文字著作权协会会长、茅盾文学奖获得者 柳建伟

通读完《大道思语》有一个感受：气象正大，开卷有益，也回味无穷。这种感受，与对陈卓小弟的感觉一致。

四年前，我和陈卓相识于古城西安。那是一个冬日，是关于校园文学周的活动。次日，他诚挚邀请我去他们大学开设讲座。作为一名昔日的理工男，再回到理工科院校讲课，有一种重返母校的感觉。陈卓告诉我，我的这堂课很重要，可能会点亮许多青年学子走上文学道路的梦想。我不知道他是恭维我，还是想告诉我他们大学有很多爱好文学的青年，反正我去了。我的那堂课是《当好伟大时代的“书记员”》，他们大学专门做了一期微信推送《用文字点亮人生》。至今，我不知道点亮了别人的梦想没有，但我感觉点亮了陈卓小弟。

四年后，我和陈卓相遇于首都北京。没想到，他调到中央机关工作，我们又久别重逢，偶尔小聚，彼此认可，以兄弟相称。如今，看到他的第二本书——随笔集《大道思语》，我又想起我的那堂课《当好伟大时代的“书记员”》。我感到，他不仅在努力当好“书记员”，也在努力当信仰的“播火者”、精神的“燃灯者”和思想的“启迪者”。

我在36岁的时候，出版的长篇小说《突出重围》获得中宣部“五个一工程”奖后，我还下决心40岁要再出一本鸿篇巨著，后来就有了茅盾文学奖《英雄时代》。陈卓兄弟似乎也有这股劲，虽然他长期在机关点灯熬油，工作十分忙碌，但还是会挤出时间去写作、练书法，情感细腻又充满锐气，思维始终保持着活力、动

力和张力，十分难得。

泰戈尔说过，沉思——就是去领悟真理，去生活，去运动，并在沉思中获得我们的存在。细细翻阅他的这本随笔集，文章充满深刻的沉思，立意高、角度新、语言活。最重要的是，全书充盈着正能量、真善美、新思想和家国情，用网言网语来说也是治愈系的好书，读完心灵不易被杂草和荒芜占领。不到100篇文章，大多发表在中央主流媒体，许多文章还是杂志卷首语，4个章节逐步深入，从修身到育人，从育人到爱国，从爱国到兵者大事，每一篇都让人耳目一新、思考一新、精神一新。我觉得，这本书的成功价值不仅是文学上的，还在于向上向善的社会意义、教育意义、积极意义。

《大道思语》第一篇文章安排的是《做灵魂里有黄金的人》，相信这是他深入思考斟酌过的。就像和陈卓小弟接触，感触持久的，是他做人讲正气、做事很大气、作文有才气。纵览全书，这“三气”其实也在贯穿始终，可以感受到的是作者的心灵抒写，可以聆听到的是新时代的奋进凯歌，可以启发到的是做人做事的道理哲理。我曾经也很爱写评论，素知有思想的评论历来是很难写的，这考验着一个人的眼界、积淀和深刻，除此之外，还有境界、情怀和担当。陈卓的随笔集有思有理，以笔为剑，以情作文，说理通透而不炫耀，思考深入而不刻意，文风从容而有静气，让人常有启发和触动。我觉得，该书不仅为言论写作提供了借鉴，也为修身创业提供了方法。

四年前，我曾给陈卓写过一段话：“陈卓很勤奋、很阳光、很自律，始终秉持文字忧党、文章报国的情怀追求，热爱文学，奋笔疾书，笔耕不辍，在思想的天空纵横驰骋，为时代鼓与呼，为强军歌与咏，成果斐然。期待他有更多讴歌伟大时代的佳作问世。”

所以，我相信这只是陈卓的一个开始，我期待并相信他会有更多新的开始、更好的开始。

读《大道思语》，生气通天，怀柔四海。

——中国作协副主席、茅盾文学奖获得者　贾平凹

目　录

一　修心之谈

二 育心之见

三 丹心之论

四 兵心之识

修心之谈

修心之谈　书法题字：

中国书法家协会理事、中国书法家协会行书专业委员会秘书长　龙开胜

做灵魂里有黄金的人

柏拉图《理想国》中，有一个故事发人深思：“他们虽然一土所生，彼此都是兄弟，但是老天铸造他们的时候，在有些人的身上加入了黄金，这些人因而是最可宝贵的，是统治者。”有政治理想的人，灵魂里藏着黄金。而农民和技工身上加入的则是铁和铜，这是《理想国》的理想。

无疑，这是带有一种乌托邦色彩的神话故事。在《理想国》一书中，在柏拉图的眼里，判断治理者的标准不是凭借其出身，而是根据他的灵魂。

灵魂里的黄金是看不见，也摸不到的。要锻造成灵魂里有黄金的人，就必须使治理者们觉悟到自己灵魂里是有黄金的。诚如今天我们的共产党人，信仰就是我们的黄金，但也必须通过艰苦学习，通过反复改造世界观来完成，这既是一个终身课题，也应是不懈追求。

晋朝有一官员名叫吴隐之，当时社会盛传饮“贪泉”之水后，人便会变得贪婪无比、腐化堕落。上任途中，吴隐之偏向虎山行，专门大饮“贪泉”之水以表明自己为官之德。历史上，吴隐之被称为晋代第一良吏。贪与不贪，廉与不廉，清与不清，绝非外物所能改变，而在于自己内心。吴隐之是这么信的，也是这么做的。灵魂里一旦有了黄金，即便外表略显锈蚀，也不会影响心之所属。

用黄金铸成的灵魂，如池塘莲藕，哪怕身陷污泥之中，所追求的仍是至纯至净人生。现实中，有些人在功名利禄面前一旦失守，便喜欢寻找一些客观理由。要么是人在江湖身不由己，要么是物欲横流随遇而安。外在环境永远不可能单纯，但内在的人心却可以始终至纯。王阳明所处时代，大家善以功利计算衡量，但王阳明始终心外无物。他从不趋俗，而是痛切批判那个时代的现实和弊端：相矜以知、相轧以势、相争以利、相高以技能、相取以声誉。现实也许认为他最看不清，但历史告诉我们，其实他看得最深透。

历史长河，滚滚东逝，一切似过眼烟云，一切又雁过留声。真正的共产党人，必定能经得住历史长河淘洗，必定能为生命留下重量，必定能让后人景仰。守住我们灵魂里的黄金，绝非易事。黄金也许会变色，因为信仰不坚定；黄金也许会变质，因为可能掺入杂质。祛除心灵蒙尘，戒掉心中浮躁，才能让灵魂的黄金散发出清逸风怀和悠然芬芳。

一生择一事，一心存一金，如此坚守，如此追求，才能让灵魂成长，让人生厚重。

2018 年 4 月刊登于《基层政工读物》卷首语

无问西东清风来

什么是进步？在多数人眼里，进步似乎成了职务提升的“代名词”。“年纪轻轻就干到这个级别，进步真快”“领导会考虑你进步的”……职务进步了，思想上与之相称的进步有没有，却鲜有人去关注。

进步越来越趋俗，就越来越没有人真正把进步放到提升个人素质、提纯思想境界、提高修养品行上来。但是，领导能给你位置，却给不了你权威。猴子推一把能上树，猪推一把却容易从树上掉下摔死。如此例子，现实比比皆是。孙政才、谷俊山之流只图仕途上进步快，不问思想进步量，信仰迷茫、品德低下，自然德不配位、必有余殃。

诚然，能走上更高位置，是衡量进步一个重要标志，也是在更广阔平台施展才华、为民服务的重要途径。但平台进步了，不等于思想进步了，必须加强学习、提升修养，积极将自己打造成适合岗位的“新我”，才能对得起组织重托。进步不能狭隘化，待遇没提升，但为人处世更成熟了，这是进步。职务没提升，但工作能力提升了，这也是进步。级别没提升，但视野和胸怀提升了，这更是进步。

宋代理学家程颐曾说：“君子之学必日新，日新者日进也。不日新者必日退，未有不进而不退者。”许多人盲目自信，钻到“官眼”里，总认为个人提升了，思想水平就可以了，能力素质就不错了。但实际上学习不精进，早已退步千里。距离现实或更高位置的要求，更是能不适位。大文豪苏轼从钱塘调任胶西，相较于杭州的繁华富贵，胶西的岗位相差甚远，但是苏轼不忧不怠，主动作为，让当地环境大为改观，还得出“无所往而不乐者，盖游于物之外也”的感悟。贬到黄州，无问西东，沉潜磨砺，更成就了一代文豪苏东坡。

抗战时期，无数青年冲破重重围堵，跋山涉水奔赴圣地延安，没有人知道去了能干什么，但他们都有一个共同的名字：进步青年。这才是真正的进步，一种有信仰的进步，有追求的进步，有成长的进步。反观有的人，职务进步慢了一点就抱怨埋怨，职务进步碰到“天花板”就自暴自弃，职务没有达到预期便焦灼焦虑，“三年不提拔，心中有想法”。岂不知，“不能胜寸心，安能胜苍穹”，破除不了名利之心，放不下个人私欲，赢得了位置，却有可能输掉人生。

你若盛开，清风自来。思想上的成熟，是人真正的成熟；思想上的进步，是人生最大的进步。树立正确的进步观，首先应从思想上的进步开始。一个真正追求进步的人，关注和重视的一定是思想层面的进步，而绝不只是职务的提升和待遇的提高。诚如汉代思想家张衡所云：“君子不患位之不尊，而患德之不崇；不耻禄之不夥，而耻智之不博。”共产党人，应有这样的境界与觉悟。

不论走多远，都不要忘记自己的初心。追求职务进步没有错，但省视自己、砥砺心性，更加可贵，更为重要。

2018 年 7 月刊登于《基层政工读物》卷首语

且留“锋芒”阔步行

话说南宋有一大词人张孝祥，醉墨纵横，文载千秋，心忧天下，胸襟坦荡。23岁状元及第，正值秦桧当宰相，他大胆上疏揭露秦桧，为岳飞昭雪。有朋友劝他收敛起锋芒，他一连发出三问：无锋无芒，我举进士干什么？有锋有芒却要藏起来，我举进士干什么？知秦桧当政我怕他，我举进士干什么？这三问，斩钉截铁更“锋芒”毕露，但正气凛然，酣畅淋漓。张孝祥只活了38岁，却如一颗流星划过历史的天空，光芒烛照后人。

“三问”看似简单，其实触及一个深刻而本质的问题，读书做官到底是为了什么？究竟是对自己所谓的“私利”负责，还是对历史对人民对事业负责？作为一名干部，自己与历史与人民与事业原本不应处在对立面，而是始终要保持高度一致，但在触及利益和真理的问题上，往往都需要个人做出选择，这一选择，让许多人把自己塑造成精致的利己主义者。

对历史负责，历史终将记住你。只对自己负责，历史终将唾弃你。唐朝有个苏味道，处事圆滑，苟合取容，处事依违两可，犹如“墙头草”一般，从不拿出自己的主见，善于明哲保身，可谓“锋芒”全无，人称“苏模棱”，他甚至还恬不知耻地把处世秘诀告诉别人：“处事不欲决断明白，若有错误，必贻咎谴，但模棱以持两端可矣。”虽然他位极人臣，也爬上宰相高座，但却为后人所不齿。

政治上得“软骨病”的人不少，有的是东张西望的“骑墙派”，有的办什么事都想着左右逢源渔翁得利，有的见到“烫手山芋”就躲，从不敢钻“矛盾窝”，失去应有的原则、立场和正义，常常在利益面前得了“分”，在群众面前却丢了“分”。

农村有一句俗话，夜路走多了，容易碰到鬼。碰到了“鬼”，应像小学课文中《踢“鬼”的故事》那样，大喝一声、猛踢一脚，而不是习惯当“官油子”，只图虚名，不干实事，不敢较真，更不碰硬。为官避事平生耻，锋芒不是简单的个性，更蕴含了坚强的党性，看似是情商不高、圆滑不够、手段不活，但彰显的是坚定不移的政治立场、实事求是的思想作风、担当作为的崇高境界和敢于斗争的勇士精神。

态度反映立场，格局决定“锋芒”。屁股是坐在群众一边，还是坐在自己的私利一边，考验着一名干部的操守和觉悟。在大是大非面前敢于亮剑，在矛盾困难面前敢于滚石上山，在歪风邪气面前敢于一身正气，该出手时就出手，该亮剑时就亮剑，党员干部应有这样的“锋芒”。

锋芒不是一股傲气，而是一种正气；锋芒不仅是一种精神，也是一种能力。面对新形势新任务，当矛盾和问题摆到面前时，锋芒毕露要露在关键处，露在出主意有思路上，露在解难题有办法上，露在促发展有路子上。

马克思说：“如果斗争只是在有极顺利的成功机会的条件下才着手进行，那创造世界历史未免就太容易了。”伟大时代蕴含伟大斗争，留好正气的“锋芒”，就是要发扬斗争精神，掌握斗争规律，讲究斗争方法，做敢于斗争、善于斗争的战士，而不是当爱惜羽毛、世故通融的绅士。诚如张孝祥诗词所说，莫被名缰利锁，更应炎凉无改节，夷险有忠谋！

2020 年 4 月刊登于《基层政工读物》卷首语

追逐忘我的“心流”

积极心理学奠基人米哈里教授曾提出过一个概念，心流：最优体验心理学。何为心流？简而言之，心流是一种状态，它让你感觉时光飞逝；心流是一种心态，它让你进入物我两忘；心流是一种乐态，它让你如痴如醉。幸福的人更容易经常进入心流，而经常进入心流的人往往感到更幸福。

心流，源自专注，来自忘我。欲进入一种心无旁骛的心流，须学会全力以赴、全神贯注做好一件事，唯有此，才能让我们轻松进入心流体验，步入奇妙时空，跨入纯粹境界。可以说，这是一种自我管理，也是一种自我反馈，甚至是一种自我奖赏。

心流人人可得，却又常常难得。心流的对立面就是“精神熵”，“精神熵”是内心失序的状态。在社会节奏空前加快、各种信息爆炸充斥的今天，人的心理极易出现内心的混乱无序、焦躁茫然。如何才能在混沌的“精神熵”中，制造出纯净的心理状态，达到掌控自我、进入忘我，直至超我的境界？创造心流，就是一个最佳的答案。这不仅是在管控自己、愉悦自己，其实也是在提升自己、超越自己。

越是优秀越容易获得“心流”，越是追逐“心流”就越容易变得优秀。低层次的快乐总是靠放纵得来，高层次的愉悦一定是靠自律获取。科学家、艺术家、运动员等等，总是带着激情和快乐去干工作，可以“人球合一”，亦能“人技合一”，轻易就进入“物我两忘”的巅峰状态，那么他们的心流体验就很容易达到。

爱因斯坦在写给孩子的信中说："当你沉醉于做某件事情的时候，你甚至都没有留意到时间的流逝。我有的时候过于埋头于自己的工作，竟然忘记了午餐……"的确，许多看似"荒诞"的名人轶事，背后大多是"心流"在推动。我们有理由相信，那一刻，他们是幸福的。书法家钟繇沉浸于将自然景物与笔法联系起来，以至于入厕时忘了出来。科学家牛顿思考问题时，错将怀表当作鸡蛋放在锅里烹煮。革命家陈望道翻译《共产党宣言》时，蘸着墨汁吃粽子连连称赞"很甜"。

幸福心灵的诞生，往往在人生忘我的一刹那，就像美学上常讲的"静照"。心无挂碍，静观万象，呈现出充实的、内在的、自由的生命。苏东坡有诗云，静故了群动，空故纳万境。去掉了"心猿意马"的烦恼痛苦，才能恢复自性清净的心灵本真。就像米哈里指出的："光靠身体的动作是不能产生心流的，一定要投入心灵的力量。"这是最容易达到的，又是最难做到的。

心流，带给我们幸福感，也带给我们创造力，驱散我们焦虑感，也驱逐我们庸俗味。最美的幸福，还是心流的体验，它让人生的成长变成回归到点点滴滴的努力，而不是遥不可及的未来，让我们不再是目标驱使，而是自我驱动。

在心流的世界里，我们可以成为时光的旅行者，还能成为过程的享受者和成长的奋斗者。

2022 年 7 月 26 日刊登于《解放军报》6 版

乔木与灌木

一片森林的生态系统，往往由直冲云霄的高大乔木和郁郁葱葱的矮小灌木组成。乔木就像森林的脊梁，而灌木则像森林的血脉，两者相互依存，缺一不可。

但是，乔木总是那么伟岸醒目，得到人们更多的关注和青睐。灌木因为矮小不起眼，常被人们遗忘和忽视。在固定空间里，阳光和雨露是有限的，灌木因为紧挨着乔木，不得不委屈自己，成全别人。联想到一个单位，有的人工作岗位特殊，工作平台重要，容易干出成绩，因此受到领导关注较多。而有的人工作岗位天然普通，处于链条底端，工作不太容易出成绩，吸引领导的目光自然较少。

其实，在一个单位，“乔木型”岗位也好，“灌木型”工作也罢，都有一份沉甸甸的责任在身，应像一颗颗螺丝钉一样，忠实铆在自己位置上，互相配合，协调运转，让这台机器高效欢快运行，确保每个岗位都能体现出自身价值。北宋王安石在《上仁宗皇帝言事书》中直言：“一人之身，而百工之所为备”，道出了社会分工相互依存的本质。有人曾总结，成功的人都有一个共同特点：认真对待自己的工作，尽心尽力做好每一件事。即使自己的工作就是做“一碗米”，也努力把它酿成一壶美酒。

白日不到处，青春恰自来；苔花如米小，也学牡丹开。我们常说，没有平凡的岗位，只有平凡的人。岗位重要抑或普通，是通过人的价值创造来区分的。有的人甘于平庸，即使在所谓“乔木型”

岗位上也难干出成绩；有的人积极进取，在所谓“灌木型”岗位上也能做出非凡业绩。有的人拿到一副好牌，却打出一副人生臭牌；有的人拿到一副臭牌，却拼搏到无能为力、努力到感动自己，逆袭打出一副人生好牌。

当然，无论是在工作链条的顶端、中段还是底端，都应像农民种地一样种好属于自己的“责任田”，干一行爱一行，干一行精一行，不心存懈怠、心有不快。工作成绩要得100分，工作评价更应追求101分。人的境界，也就在这种进与退、喜与悲中分出高低。从这个意义上说，你是一棵乔木，还是一丛灌木，就显得并不重要了。

2013年1月14日刊登于《空军报》头版

零宽容“微腐败”的“四不心”

《后汉书·陈忠传》有言，轻者重之端，小者大之源。

小恶是习惯之种，是思想之芽，是大恶之始。“蚁贪”也是贪，“小腐”也是腐，一旦年深月久，甚至蔓延成风，终是害人害己，终致小隙沉舟。走出“微腐败”怪圈，须从思想深处挖出“毒瘤”，常扫常清心灵上的“杂尘”。

走出“不犯众怒”的放任心理。腐败因为微，还没有完全形成过街老鼠、人人喊打的局面。公车偶尔私用一下，私客偶尔公待一次，等等。有人笃信，微腐败没有过分、未犯众怒，即使群众看见，也会态度暧昧。群众痛恨的是“大鱼”，忽视的是“虾米”，不愿“上纲上线”，于是乎，开始放任自流。

一分一毛，关乎名节，关乎清廉，岂能轻描淡写？一个爱贪小便宜的人是难以服众的，更是难以团结身边同志的。群众心中有杆秤，微腐败看似不犯众怒，实际上已经毁了群众口碑。

走出放任心理，既要对上负责，也要对下负责；既要对自己负责，也要对群众负责；既要对今天负责，也要对将来负责，确保自己做的每一件事都能够经得起历史检验、群众评判。

走出“不设心防”的麻痹心理。心如平原野马，易放难收。《阅微草堂笔记》里一位高僧，立志精进，誓愿艰苦。一艳女对他百般诱惑：“请容我一近，如果大师能做到真空不染，那么修行就成功了。”这位僧人心不设防，坦然许之。孰料，偎依抚摸，竟毁戒体。

有人主观上心里不愿设防，甚至把人情世故、礼尚往来等当作借口，信奉“背靠大树好乘凉”“礼多人不怪”的生活哲学，打打“擦边球”也无妨，只弄这一回也无所谓，把制度不当高压线，而是橡皮筋，刻意麻痹自己、回避问题，自我开脱、自我放纵，最终自我膨胀、自我毁灭。

真站在深渊的边缘，走上河湖的薄冰，谁都会战战兢兢。但是微腐败往往让人掉以轻心，不设防恰是堕落滑坡的肇始。走出不设防的麻痹心理，不仅要有所惕，更要有所畏，始终如临深渊、如履薄冰。

走出“不伤大体”的侥幸心理。鲁迅在《再论雷峰塔的倒掉》一文里说：“乡下人迷信那塔砖放在自己的家中，凡事都必平安，如意，逢凶化吉，于是这个也挖，那个也挖，挖之久久，便倒了。”微腐败与此有异曲同工之妙，因为小得微乎其微，小得微不足道，小得对全局没有什么影响，侥幸心理由此滋生。

可是，我们只有一个“雷峰塔”。这种侥幸心理，是对社会公正的是非标准、道德界限，产生模糊认识甚至错位的表现。追逐个人利益，终将带来集体灾难，今天不伤大体，明天伤害全局。一旦心存侥幸，就会给我们的事业产生“破窗效应”。走出侥幸心理，要以对事业长远负责的态度，摒弃法不责“微”的心态，力破心中之“贼”，以“大河有水小河满”的觉悟走好每一步。

走出“不思己过”的看客心理。雪崩的时候，没有一片雪花认为与己有关。每一个人都在痛恨微腐败，却又对微腐败见怪不怪、习非为是，在微腐败面前装糊涂、当好人，睁一只眼闭一只眼，等于充当了“微腐败”的推手。

比如，吃点小饭，占点便宜，捞点实惠，酒肉穿肠过，原则心中留；靠山吃山，靠水吃水，利用职位优势，经手三分肥；办个事总想找关系，过个节念想着“意思意思”……如此微腐败，司空见惯，偶尔都犯，又视而不见，闻而不愤。甚至对别人马克思主义，对自己自由主义，教育别人，却放纵自我。破除“看客”心态，不止于对反腐败的鼓掌喝彩，还要从自我做起，像《人民的名义》中的陈岩石那样，首先自己就不走后门、不贪小利，敢向不正之风说不，敢向不良倾向叫停，微腐败的温床方能铲除。

有位哲人曾说，使人疲惫不堪和难以远行的，并不是横在面前的高山峻岭，而是不经意间掉在鞋里的一粒粒微不足道的沙砾。四种微腐败潜在心理，就是我们前行路上的沙砾，虽然小，但危害大。只有思想上“零宽容”，守好“安全线”，方能行稳致远。

2017 年 6 月 27 日刊登于《空军报》2 版

于“无用书”里寻“大用处”

谁也记不清楚，自己长成今天的骨骼和血肉是哪一顿饭吃成的。就像谁也记不清楚，自己的思想和水平是由哪一本书决定的。到底哪一本书最有用，相信没有几人能答出来。

科学史上，一些最伟大的成就，恰恰是从毫不相关的学科的融合中取得。达尔文自己也没有想到，他提出伟大的进化论，正是因为他融合自己感兴趣甚至曾认为“无用”的生物学、地质学和社会学。

社会愈浮躁浮夸，读书愈趋向功利。走进书店，摆在最显眼位置的，多是鸡汤学、厚黑学、成功学，说话多少计、办事多少招，功利性太明显，指向性太现实，反倒失去读书的趣味，丧失读书的作用。记得小时候，最爱看的书就是神话故事、故事会，可自己偏偏学的是理工科，但没想到工作以后又与文字天天打交道，其实也得益于当年看了许多“无用”的书。

有人说，看哲学没用。但哲学是“明白学”，是“智慧学”，是观察宏观世界的“望远镜”，也是考察微观领域的“显微镜”。大到广袤无垠的宇宙天地，小到琐碎细微的生活点滴，都是哲学透视透析的对象。

有人说，读诗歌没用。但诗歌中有远比眼中更生动的风景，只有借助唯美的文字，才能感受到丰富多彩的艺术形象、引人入胜的深邃意境、如琢如磨的细腻情感，方可帮人养出骨气、清气和灵气。

有人说，学理论没用。各行各业之理论，都是从感性到理性的升华，都是从现象看到本质，从偶然看到必然，从原因看到结果，从现在看到未来，从苗头看到趋势。任何一门学问，也都有理论，只有把理论学好，才能拨云见日、豁然开朗，照亮前行的路。

读书是精神上的吃饭，吃饭是生理上的读书。如果只偏好一种书，只偏读认为暂时会对自己“有用”的书，日久天长，精神上必然营养不良，要么偏于一隅，要么老于世故，要么无情无趣，要么就是缺少自由之思想。无用之书，恰是人精神生长的领域。就像有句话说得好，如果一辈子只读你读得懂的书，那你其实没读过书。如果永远只看合乎你想法的书，你永远只会知道你已经知道的事。

水本无华，相荡方成涟漪；石本无火，相击而闪灵光。诸多名人，皆有喜看无用之书的爱好，因为无用之书，往往触动了他们工作灵感，培养了他们广博触角。那些看似无用之书、无用之论，也成为推进创新的加速器、吹散迷雾的新清风。

毛泽东说，没有读过五遍《红楼梦》就没有发言权。邓小平偏爱看的书，却是武侠小说，尤以《聊斋志异》为甚。康熙大帝，词章声韵、历算律吕、自然科学，没有他不爱读的。伟人与伟业，无用书与有用书，有什么逻辑关联，谁也说不清，谁也道不明。

深悟无用，方可无所不用。古今中外，对“无用之书”都有相似的判断。罗素说，要多读点“无用的书”，那些看似无用的书，里面有思想，有哲学与乐趣。庄子云，无用之用方为大用，倒不一定是说读书，但一定包含了读书的哲理。

刻意只看“有用之书”，就像只恋一匹骏马。如果不去苦追一匹马，用追马的时间种草，把自己变成“草原”，待到春暖花开之时，何愁不来无数的骏马呢？

2017 年，个人制订了一个年阅读 100 本书的计划，粗算一下，须平均三天读一本书。每读完一本书，自己就在日记本记下，很有成就感。这些书，多散放于公寓书桌、家中书房、卧室床头、汽车副驾驶，等等。书的种类，可谓五花八门，经济、政治、哲学、文学、科技，甚至于收藏鉴赏。看完之后，书中内容大多记得不是很清楚，但是工作中的许多灵光一现，往往就来自在“无用书”中的长期沉潜。

长年阅读，含英咀华，各种“无用之书”信手拈来，知识在延展，思维在活跃，情怀在温润，格局在拓宽，境界在提升，终能努力成为“有用之人”。

2017 年 5 月刊登于《基层政工读物》卷首语

人心松动也易藏污

下雨天，行走在单位的人行道上，我一不小心，踩到松动的地砖，污水溅了一脚，十分郁闷。细思之，地砖一松动，难免流入并储藏污水，成为行人的“雷区”。

人亦如此。一生行行走走，偶尔思想松动，污浊思想便伺机而入，潜伏在人的脑中，藏起了污水，一旦面对考验，便全线崩溃。

《松窗梦语》曾讲过这样一件事，颇值玩味。左都御史王廷相坐轿进城，刚好轿夫穿着新鞋抬轿。行走之初，轿夫小心翼翼，专挑干净的路走，生怕弄脏了新鞋。进城之后，泥泞渐多，弄脏一点之后，轿夫便行为大变，任由鞋子踩水沾泥。王廷相的一段感慨成为明代大臣张瀚一生的座右铭：“居身之道亦犹是耳。傥一失足，将无所不至矣。”

这位轿夫并不是不爱惜新鞋，而是心里一旦松动懈怠，自然无所顾忌，甚至走到破罐子破摔的地步。

人皆有七情六欲，一生都在与自己的欲望做斗争。邪气多则致病，正气浓则强心。孟子说，吾善养吾浩然之气。许多贪官，入仕之初都是谨言慎行，但随着时间推移，人心就开始松动，最后走上邪路，成为自己的“地雷”。“古月照今尘，今人欲断魂。”看看多少历史的镜鉴和现实的教训，不都是这样人心浮动，随波逐流，心为欲役，在错误道路上渐行渐远的吗？

地砖松动，倘若马上修好，终是不会害人。人心松动，倘若及时校正，自然不会犯错。儒家修身，其实讲究的就是先正心，后诚意。地砖与人不同，松动多因外界而起，松动也不是常态和多数。但人的本心，不仅受外界影响，也受自我蒙蔽。

人的本心，杂念众多，管不住心，就容易迷失方向，忘记初心，被杂念牵着鼻子，被邪心遮住眼睛。靡不有初，鲜克有终，古来如此。

有学者提出“扫除力”的概念，包括“祛除负能量和吸引正能量的扫除”两个方面，把塞满了东西、积满了污垢的房间打扫干净，把房间负能量赶出去，就是“祛除负能量的扫除力”。相反，建立一个充满正能量的磁场空间，就是吸引正能量的扫除力。

祛除负能量的扫除力，可以谈谈曹鼎。《玉堂丛语》中说，曹鼎任泰和典史的时候，抓了一名绝色女贼。押送县衙途中，因太远夜宿一座庙。月光如水，女贼千方百计以色引诱，这对一个男人来说，当然是难以抵挡的诱惑。曹鼎并非神仙，也在不断地与自己内心的邪念做斗争。那时，估计曹鼎脑中有两个自己，一个说：“可以，就一次。”另一个说：“挺住，绝不行。”曹鼎在墙壁写下“曹鼎不可”四个字，贴在墙上，随时提醒慎独慎行。但心魔难除，一晚上贴了又撕，撕了又贴，直至熬到天亮。曹鼎见欲而止，终没有被邪念所败。

吸引正能量的扫除力，可以说说苏东坡。这个“一生把世人的苟且活成潇洒”的人，即使在人生最无望的时候，在被反复打倒之后，在世间的污水浊物都倒在身上的情况下，他的心都没有松动，也未自暴自弃，或者说是自甘堕落，还在努力用心感受别人感受不到的美与快乐。在被贬至广东惠州时，他写信告诉儿子，千万别让那些陷害他的人知道那里有好多好吃的荔枝。“日啖荔枝三百颗，不辞长作岭南人”，千古名句由此而来。

心若不松动，出山就要比在山清。人生之水，从在山的“懵懂纯净”到出山的“清洁彻底”，虽然要经过无数的坎坷、污浊、崎岖，但那其实也可以作为心灵修炼、洗礼、净化的自我改造，而不是走到哪，环境脏则心跟着脏，环境变则心跟着变。佛家讲，用心如镜，无论照见什么，我依然不变。

敬终如初，则源洁流清。敬微如大，则保底防变。用流行的话说，还是要学会用“戒定慧”打败“贪嗔痴”，不给心灵的松动留一点缺口。

2017 年 11 月刊登于《雷锋》杂志

是能吏更要当循吏

有人说，清官一般没有好下场。还有人说，清官不一定都能力强。但山西阳城县却出了个大清相国陈廷敬，似乎一一打破这些“魔咒”。

当年，时任中纪委书记的王岐山力荐《大清相国》，一时洛阳纸贵，说的就是陈廷敬的故事。从古到今，清官也出了不少，包拯、于成龙、海瑞，等等。我独对陈廷敬兴趣浓厚，也许是因为王跃文那句尽善尽美的评价：“清官多酷，陈廷敬是清官，却宅心仁厚；好官多庸，陈廷敬是好官，却精明强干；能官多专，陈廷敬是能官，却从善如流。”

在强力正风反腐背景下，这么一个清官不仅可敬可赞，也可信可学。刘鹗在《老残游记》中，曾记载了一位不讨人喜欢的“清官”庄宫保，爱民却不为民，虚心却不实心，以致玩忽职守，让当地老百姓遭了殃。

说起陈廷敬，本名陈敬，因为同中进士时有个同名同姓者，便赐廷敬。陈廷敬是名副其实的“富二代”，似乎有人说他之所以清廉是因为他家里有钱，那同时代的纳兰明珠相国为何如此贪婪呢？最根本的原因是，他坚守“为天地立心，为生民立命，为往圣继绝学，为万世开太平”的文人士大夫信仰。

初出茅庐，陈廷敬还带着一股青涩，并不信官场潜规则。当然，此时官场的确有潜规则。当同考的祖泽深、张汧、李谨对科场行贿都深信不疑时，他却坚信“凭本事”吃饭那一套。但却被人陷害，无端卷入科场行贿案，似乎注定他一生要与腐败做斗争的命运，也让他内心极为痛恨贪官。

不唯上，不唯书，只唯实。年轻的陈廷敬，曾因“忍”字功夫不够，相国明珠上奏说山西阳曲百姓自愿捐建龙亭，要将康熙的《圣谕十六条》镌刻在石碑上。康熙大喜，想将经验下发，全国参照执行，让龙亭林立、御碑处处。陈廷敬却不顾康熙脸面，非得说这事值得怀疑，结果降职丢官。

吃一堑长一智。陈廷敬尔后进谏忠言更注意方式方法。在那种环境下，想当个纯粹“高大上”的好官并不容易，也许还会一事无成。在脑子转过“弯”来后，陈廷敬赢得皇帝信任，还是把查实百姓捐建龙亭的“活”揽过来，也查了个水落石出。

人非神仙，即使不愿同流合污，但也不能太不食人间烟火。在特定的历史境遇里，陈廷敬有时也必须装作一个“俗人”。

督钱是陈廷敬从政的一大“政绩”，类似于当年老蒋让小蒋去上海整顿金融，其实也是“打老虎”。

陈廷敬去的是铸钱的宝泉局。陈廷敬指天为誓，不受毫厘之私。但刚去，别人便送上一枚秦钱，据说可以辟邪。看着人人腰间都佩戴这么一枚，陈廷敬为了工作好推动，也没有再推辞。

上任之初，不露声色。先清理库存，历任领导交接只看账目，不看库存，有些是作风真“漂浮”，有的则是压根不想或不敢管那笔“糊涂账”。历任户部尚书、钱法侍郎、郎中监督，包括明珠相国都与铜料亏空有关，可以说是一个“窝案”。

整人不是目的，况且以陈廷敬一人之力，也改变不了官场的风气。理顺钱法才是真正的目的。

销毁钱币，按理是重罪，但在当时，私商却对熔化铜钱为铜趋之若鹜。商人都是逐利的，当时一两白银能买七斤铜，但兑成钱却可得一千钱，熔化后能炼出八斤十二两铜，这多出来的“铜”便是利润。市面上的铜钱越来越少，私铸之风屡禁不止。

外行开始指导内行。陈廷敬提出，首先把铜钱的重量减轻，让商人无利可图。其次，把铜矿开采税收减下来，百姓也来参与开采，铜一增加铜钱价值自然下降。这一建议康熙欣然采纳并付诸实行。得罪的是朝廷“蛀虫”，赢得的当然是社会经济繁荣。

敢得罪领导面前“大红人”，的确需要胆识，当然更需要智慧。云南巡抚王继文平息吴三桂叛乱有功，康熙很看重。西北噶尔丹叛乱协饷他又出钱又出力，适逢滇池之滨的大观楼落成，王继文又上折子让康熙御笔题写楼名，这是千古留名的美事。“有眼色”的王继文，工作处处干在“点子”上，可他不幸碰到了陈廷敬。

陈廷敬的评判标准是：好干部要效忠朝廷，也要爱护百姓。逆龙鳞犯天威，陈廷敬非说王继文协饷之事有“猫腻”，康熙虽十分不快，但还是准予陈廷敬去云南查验府库银两，看协饷叛乱是不是鱼肉百姓而来。

一查就查出了个“大老虎”。三道奏折直指云南巡抚王继文贪腐之事，敢弹劾一省巡抚，这在当时也算是“重磅炸弹”。但陈廷敬并不是贸然行事，而是在一切都“拿准”“坐实”了以后，从而一剑封喉。

党的十八大后，我们从公务接待、公车使用、婚丧嫁娶等小事小节抓起，抓到了“要害”。其实当年，陈廷敬升任左都御史时，也敏锐发现社会腐化堕落风气日盛，陈廷敬及时向朝廷建议，要从衣冠、车马到服饰器用这些小事做起，去除奢侈之风。他一言以蔽之：“好尚嗜欲之中于人心，犹水失堤防而莫知所止。”

康熙一朝，名臣辈出，官场水深。陈廷敬最难得，当数善始善终，历四部尚书，却终老相位。面对排挤、打压，面对相国明珠、索额图、高士奇等权臣的围剿，陈廷敬能够做到暂避锋芒、韬光养晦。在数年磨一剑后，他终于等到了反攻的机会，在感到康熙内心对明珠有所不满后，趁康熙赴钱塘江检阅水师时，设计一个连环参，用计用智、各个击破，殊为不易。但这次成功，何尝没有康熙本身就想除掉盘踞朝廷多年的“明”“索”两党的原因。

当最后一次向皇帝进谏失败后，陈廷敬幡然醒悟，他开始只和康熙谈谈风月、聊聊诗词，不再贪恋名，不再留恋权。他再高尚、再正直，服务的不过是一个从根子上腐朽的封建王权，自己也只不过是一个政治的“棋子”。

朝堂之上，木然站立，装聋作哑。骗过了家人，骗过了康熙，骗过了同僚，得以全身而退。在官就当好官，不在就当好人，这种胸怀，行走在回山西老家的路上，才能真正感受到黄河的雄浑与大气。

当年，初入仕途，卫大人送他一个“等”字，老岳父告诉他一个“忍”字，自己又在跌跌撞撞中悟出一个“稳”字，最后逼出了一个“狠”字，老婆又点醒他一个“隐”字。似乎，陈廷敬念的像是“权力经”，但任何人物都不能脱离他所处的历史环境而妄加评判。我们的评判，还是要从他的历史政绩来看。

在官场游刃有余，只要不忘初心，始终保持底线，这样的官更接地气，也更加值得借鉴。对于有操守有底线之人，封建官场是最难待的地方。不同流合污，早早就被打压，根本无出头之日，怎能谈得上干一番事业，这的确需要不同常人的智慧、勇气和担当。但陈廷敬就是一个干净到有道德洁癖的人，之所以敢反腐，还不是因为自身硬吗？难得康熙那句评价：“宽大老成，几近完人。”

一切历史都是当代史，意大利历史学家克罗齐所言非虚。从历史中，我们要看到现实，更要烛照未来。《史记》中，司马迁尤为推崇的就是循吏，不求虚名，只干实事，陈廷敬当之无愧为循吏。放下《大清相国》这本书，陈廷敬的形象跃然纸上，在当下，我们都应做一个循吏，如能做到陈廷敬的“清、慎、勤”，其实已完全足矣。

2017 年 9 月刊登于《基层政工读物》

少唱戏与多抓细

自己演戏自己喝彩，自己吹牛自己鼓掌。这看似是笑话，但在抗战时期却真实存在，且发生在高级将领身上。

国民党高级将领胡宗南进攻延安，毛主席唱了一出“空城计”，让蒋介石“三个月消灭共产党”的扬言成为笑柄。胡宗南好大喜功，无中生有，吹牛延安已攻克，生俘万余共军。吹的人不信，听的人信了，蒋介石派中外记者去延安采访。慌忙之下，胡宗南只好用国军“充数”，旧坟上扬起的新土“露馅”，刚采访过的俘虏异地再次“现身”，被记者一一识破，贻笑中外。

夸大用词，夸张战绩，在当时国民党各个战场屡见不鲜。明明是连连败仗、久攻不下，却说共军节节败退，自己“势如破竹”。这些战果，能骗得了“装睡”的人，却逃不过群众的眼睛。

反观孟良崮一战，粟裕“细”中求实，成就了“百万军中取上将首级”的美名。如果那场战役结束后，没有粟裕作战的“精打细算”和实事求是的作风，历史也许将被改写。

当时战斗打完，组织清点战果，粟裕发现俘虏加击毙人数总计2.3万余人，竟与敌军整编74师实际人数差了七千余人。粟裕命令迅速重返战场，终于在孟良崮主峰发现了躲在山坳里的七千余人，又发起新一轮战斗。“王牌之师”悉数全歼，这才传遍中国、载入史册。

如果粟裕也像胡宗南一样，只管“唱戏”，不管“抓细”，胜利的“果实”说不定属于张灵甫。面对问题，既要不掩盖、不回避、不粉饰，还要想得深、想得细、想得实。粟裕的“细”，从思想根子来讲，还是得益于他正确务实的政绩观，不会故意把墙上的“蚊子”看作“钉子”。

新时代新岗位新职责，须努力让真实回归本位，让理性回归主流，以更实的作风、更真的态度，去做好每一件事。对错误狠一点，对工作细一点，才能走在正道上。那些不走正道的政绩，又岂能长久，无非是来去匆匆，就像美丽的肥皂泡，一旦戳破，一切皆空。

面对工作上的失误，想得越充分、越具体、越细致，才能立于不败之地。如果出了问题，不是忧虑损害自己的威信，就是害怕影响自己的前途，想把“政疾”变为“政绩”，那么“过错”终将变成“错过”，错过的是自我反省的机会，错过的是整改提高的机会。发现问题是水平，解决问题是政绩，揭露问题是本分，掩盖问题是失职。毛泽东在1956年的八大二次会议上都坦言，自己一生也打过四次败仗。

“手电筒”照自己，“手术刀”剜自身，固然难做到。但这何尝不是党性官德人品的体现，如果凡事能有为党的事业负责之赤子情怀、有不为个人遮短亮丑的博大胸襟，其实又有何难？就像诗人歌德所说：“错误同真理的关系，就像睡梦同清醒的关系一样，一个人从错误中醒来，就会以新的力量走向真理。”

2017年10月11日刊登于《空军报》头版

抛却“机心”方有“机缘”

在西安音乐厅举办的陕西省古琴协会成立大会上，有幸欣赏一首古曲，名叫《鸥鹭忘机》。于多数人而言，曲子不如《广陵散》《高山流水》那般久负盛名。静坐细听，如见沙鸥白鹭，如坐扁舟荡漾，如听渔歌绕梁，如遇惊鸿掠过水乡。但这首曲最打动人的，最让人回味的，莫过于其曲意隽永，又哲理深邃。

此曲出自《列子·黄帝篇》，讲述海上有一喜爱海鸥之人，清晨必到海边与海鸥戏耍。海鸥也成为了他的朋友，每天有上百只相约而来。其父素有异心，知道儿子与海鸥关系甚好，便怂恿他抓几只来玩耍。儿子遵照父亲的意思，第二天再来准备动手的时候，却发现没有一只海鸥肯飞到他手中。他的机心，其实早已被海鸥识破。

想想，儿子忘却了爱心，鸥鹭看出了机心，一忘却一察觉，导致一失去一警醒。只有放弃巧诈之心，美好的事物才能与你相交。人能忘机，鸟即不疑；人机一动，鸟即远离。正如李白所写，心静海鸥知。

有的人，偏爱自作聪明。武周酷吏来俊臣，最爱用的就是心计权谋，甚至专门编著一本《罗织经》，专讲如何角谋斗智，细细翻阅全书，的确感到字字诛心，让人不寒而栗。看似“高明”，实则无耻；看似参透“人心”，实则丧失底线。难怪一代人杰狄仁杰阅完冷汗迭出。但即使聪明用尽，来俊臣并没有好下场。雄才女皇武则天面对身边如此“机心”之人，实在是不敢留，顿生杀机。

《菜根谭》里说，抱朴守拙，涉世之道。就像周恩来说的，最聪明的人就是最老实的人。记得一位老领导告诫，十分聪明用七分，且留三分给子孙。有人说，关进牢里的人，大多是“聪明人”。的确，那些身陷囹圄的贪官污吏，哪个不是机关算尽，但都误了卿卿性命。

与其练达，不若朴鲁。与其曲谨，不若疏狂。自以为高明、可以掩人耳目的伎俩，大多经不起历史和时间的考验。况且人之机心，往往在一丝眼神、一个动作中就能暴露无遗。所以《礼记》里才说，“莫见乎隐，莫显乎微”，没有比隐蔽处更易见的，没有比细节处更明显的。

富含机心的人，与人交往，难以经远，谋得机缘，也难得善终。机心一旦过热过旺，就容易失了分寸，少了平常心，动作变了形，行为走了样，甚至干出让人耻笑的蠢事。话说清朝康熙年间的一位富豪名叫庄廷珑，总想附庸风雅弄个名气，斥巨资买下一部同乡的书稿《列朝诸臣传》，署上自己姓名刻印发行。满以为天衣无缝，岂料书中因有影射清朝的言辞，被人检举告发，导致满门抄斩。

热播剧《人民的名义》中的公安厅长祁同伟，怀着“机心”与比他大 10 岁的女人结婚，他不是娶了爱情，而是娶了权力。虽运势大变，飞黄腾达，但最终并没有“胜天半子”，赢来的是一颗残酷的枪子。《红与黑》中为了出人头地的于连，表面好学善思、热情似火，实则内心幽怨、欲望腾腾，跻身了上流社会，结果还是走向了断头台。这种深怀“机心”的“于连式”人物，工作和生活中比比皆是。他以为自己是下棋布局的人，其实最终成为命运的棋子。

忘却机心，就要存乎一心，更要坚守内心，做到如许衡所说“吾心有主”，不为外在忧患、他人怂恿、利益算计所动摇。“心学”，其实是每一个人一生要解决的重大课题，在独处时不愧屋漏、不欺暗室，不仅做到“不能”“不敢”，更要努力达到“不想”“不念”，终可“从心所欲不逾矩”。

2017 年 11 月刊登于《基层政工读物》卷首语

“伙夫”的格局

井冈山斗争时期，毛主席站在黄洋界哨口问一名战士，从这里你可以看到哪？战士回答，可以看到江西和湖南。毛主席说，站在井冈山还要看到全中国，看到全世界。

细细思忖，毛主席的话饱含一名领导干部的眼界胸襟和格局视野，也给一名普通党员寄予深情勉励和厚重期望。正是回答和解决“为了谁”这一马克思主义唯物史观的根本问题，他的心胸才会呈现出共产党人应有的情怀境界。

有的普通党员认为，只要干好自己的“一亩三分地”即可，大格局都是领导干部的事。因此，有的一旦触及自身利益，就患得患失，固守在狭小的利益“藩篱”。有的面对改革重塑带来的新变化，习惯安稳于自身一隅，自弹自唱，没有“一盘棋”思想。更有甚者，占“小便宜”，耍“小聪明”，打“小报告”，这些看似是“小我”作祟，肇因皆是因为格局太小。长征时期，伙夫同志一起床，不问今天有没有米煮饭，却先问问往南走还是往北走，这叫胸中有方向。

大格局源自理想信念，根自心系百姓，来自胸怀天下，彰显的是共产党员“大气象”“大气魄”。有大格局、懂大格局、谋大格局，应是每名党员干部毕生追求。

大格局方有大作为。因为格局大，思想空间、认识空间、发展空间、事业空间才大。格局小，束缚个人思维眼界，也将影响单位建设发展，就像再大的饼也大不过烙它的锅。试想，如果不看大势、不思大局、不谋大事，怎能有忠诚事业、献身岗位、不负重托的强烈使命感责任感。正因想得大，才能看得远，也因想得深，方能行得切。

王国维先生说，有境界则自成高格。格局源自境界，境界源于信仰。面对利益诱惑，面对事业困惑，面对自身疑惑，都应按照自己信的去做，不当言行不一“两面人”，争当有大格局“实在人”。西方有谚语称，“你喂给自己心灵的食物什么样，你的心灵就什么样”。如果活着只知道吃喝玩乐，工作做一天和尚撞一天钟，如行尸走肉一般，那么连党员的资格都谈不上。党员的格局是需不断涵养的，它是思想深度的外在表现，如果信仰缺失、知识贫乏、理论浅薄、能力欠缺，自然不会有大格局和大智慧。

计利当计天下利，求名当求万世名。那些早期的中共领导人，是一名普通群众、普通党员时，就有着不同常人的大格局。学生时代，周恩来就立下“为中华之崛起而读书”的豪壮誓言。改革开放的今天，基层干部沈浩扎根小岗村，把为群众办实事作为理想信念，奉献自己的生命。正因有无数把个人前途命运与民族紧密相连的普通党员，才汇聚起推动中华民族复兴的磅礴力量。

秤砣虽小，能压千斤。大格局不应只是战略素养，其实也是党员面对利益取舍时应有的党性修养。大格局不应只是领导干部的事，其实也是普通党员应有的内在修为。推开新时代的大门，更伟大的事业召唤我们去奋斗。如果每一名普通党员都能心怀大格局，思想广一些、眼光远一些、气量大一些，同样能书写出不凡华章！

2017 年 11 月 27 日刊登于《空军报》

当有“罢宴”精神

半个世纪前，时任国家副主席的董必武曾罢过一次“宴”，不为私，而为公。

董必武赴旅顺某基地视察，基地十分重视，出面招待自不用说，还摆上了好酒与好菜。董老一见，脸色大变，扭头就走。秘书说：“不把酒和贵重的菜撤掉，董老今天中午就不吃饭了。”基地领导连忙解释，都不是特殊准备，而是靠海吃海，自己捞上来的。董老丝毫不为所动，仍坚持把酒和菜都撤了。

酒和菜都凉了，但接待人的心未“凉”。真的都按规矩来了，大家反倒轻松和坦荡，更为董老的党性觉悟而感到内心“热乎乎”。

风起于青蘋之末，浪成于微澜之间。“四风”之所以会反弹，穿上“隐身衣”，搞起“新变种”，大多从点滴细节开始坏起。不仅难在有人对“四风”心存侥幸、心有向往，更难在总是过不了“人情”那一关。“万事留一线，日后好相见”，是一种厚黑的官场哲学，也是精致利己主义的现实反映。人情世故不仅总在考验情商，也在检验党性。人情面前无原则，领导来了没规矩，朋友来了忘纪律，败坏的是风气，带向的是歧途。

来了上级工作组，接待不好怕得罪人。来了故旧熟人，接待不周怕伤和气。于是，总是想着法子超点标准，即使顶着“高压电”也要硬上，其实内心也是忐忑不安。如果被接待之人一看房间配了水果、桌上有高档酒菜，马上拿出董老的“罢宴”精神，甚至于

“罢住”，防微杜渐，何来“四风”。当然，经办之人，更要以对党负责的态度，而不是迎合他人的准则去做事情，方能疏浚源流。

反对“四风”，最难的是落实，最怕的是喊口号、调门高。耍耍嘴皮子固然容易，真正要成为“清水之鱼”，当然不易。于是，唱高调、喊口号成为有的人反“四风”的挡箭牌和护身符。面对“四风”新变种，我们要少一点表态家和空谈客，多一点“罢宴者”“罢住人”。“罢宴”的底气从何而来，当然来自高度的党性自觉。

无形自觉，往往见诸有形细节。比如，公孙仪“嗜鱼而不受鱼”，包拯“不持一砚而归”等等。这样的自觉，保护的是风气，保全的是自己。如果都当“差不多先生”，看似当好人，其实在害人。

新“四风”也是“四风”，不敢得罪少部分人，必然难赢得多数人。当前，反“四风”虽然取得优势，但还没有形成胜势，面对隐藏更深的新“四风”，必须高度警惕，发挥“罢宴”的精神，把“四风”隐身衣及时扒下，把“四风”的“青纱帐”无情掀翻，让那些隐藏灰尘不至于发展成政治生活的“雾霾”，还政治生态一个天朗气清的新环境。

2018 年 1 月 7 日刊登于《空军报》头版

跨越从熟悉到熟知的“坎”

听不到“沉默的声音”，看不到“身边的背影”，就不可能有对单位建设清澈见底的熟知。正道是，工作用心干，自然有乾坤。

基层检查常常发现，有的干部对所属人员可以迅速说出他叫什么，出生年月，家在哪里，但是，再往深里问，往往就语焉不详。但有的同志，不仅对人员如数家珍，而且每一名同志的内心诉求、现实困难、思想波动，甚至夫妻关系紧张都能掌握一清二楚，不禁让人心生敬佩。

对人员熟悉，代替不了对他们熟知。从熟悉到熟知，一字之差，却是一道“坎”。这道“坎”，是工作用心用情的差距，是抓建有力有效的证明。跨越这道“坎”，当一天和尚撞一天钟不行，心中无“策”手中无“招”不行，身子扑不下去感情贴不上去也不行。试想，新领导一见面就能叫出你的名字，内心一定会涌起特别的温暖；如果个人碰到“挠头事、窝心事、跳脚事”，组织第一时间解决，必定如春风化雨之效。

人是最复杂的变量，干部思想或心理问题往往隐藏较深，如果敏感性不强，不深入知人，就易忽略暴露出来的“冰山一角”，错过解决问题“黄金期”。工作中，要善于戴着“放大镜”看问题，及时掌握现实思想、了解潜在问题、预判风险隐患，做到具体情况具体对待，切实把对人的关怀做足做到位。

红军时期，毛泽东要求：对士兵中的八种人，即有偏向的、受了处罚的、病兵、伤兵、新兵、俘虏兵、对工作不安心的、思想动摇的，部队领导要主动找他们谈话。知人要知心。一个单位好比一块土地，到了那个地方，就要同那里的人结合起来，在群众中生根开花，结出真情果实。“身在曹营心在汉”是知不了人的，“蜻蜓点水抓落实”是知不了实情的。

做了，不等于做好了；熟悉了，不等于熟知了。作风一旦漂浮，必定滋生失管失控的土壤。高水平的管理者，不仅要对单位基础现状“一口清”，对风险隐患心有“一本账”，更要对发展趋势“看得准”。这样“看得准”，更多的是考验个人对单位熟知广度和深度。“知”是抓好工作的前提，只有“知而全、知而快、知而实、知而为”，才能把单位建设抓好抓实。

杜牧曾有诗言，睫在眼前犹不见。是的，越是眼前人眼前事，本来容易看见，却常因疏忽大意或者不够用心而忽略漠视。熟悉的人，熟悉的事，熟悉的地方，不应成为内心冰凉的荒漠，而要变成心中最美的风景。

人心换人心，玛瑙换黄金。当今，改革深入推进，必然触及一些深层次的利益和矛盾，安全风险的“燃点”和“触点”很多，多熟知自己的人，多熟知自己的“位”，才能有效凝聚众志成城、攻坚克难的磅礴力量。

2018 年 6 月 1 日刊登于《空军报》头版

做胸中有“数”的决策

一身入便能深入，察实情方有实效。

1947 年，刘伯承率部队挺进大别山，前有淮河，后有追兵，浮桥难至，前方查看敌情的参谋报告：“大水滔滔，难以过河。”刘伯承大怒：“应该看水深、流速、河底情况等，‘大水滔滔’是什么概念？”他随即与一名警卫员，手撑一根竹竿测水深，眼观过河百姓估水速，做出可以过河的正确决策。

做有质量的决策，就要像刘伯承那样，心中有数，而不是人云亦云，大而化之。这样的决策，要求我们到现场去“问数”，赴基层去“问计”，向群众去“问需”。陈云同志讲，要用 90% 以上的时间做调查研究工作，最后讨论做决定用不到 10% 的时间。

决策不仅是一项权力、一种选择，更是一个判断、一门科学。作为党的工作方法“传家宝”，调查研究是一项基本功，更是决策“导航仪”，也是让心中有“数”的关键所在。历史事实一再证明，关在“房子”里的决策，突发奇想的决策，往往因脱离客观实际，常常遭受挫折。决策的失败，归因是有的人想法“海市蜃楼”，有的人研提措施“纸上谈兵”。有的，情况不明决心大；有的，心中无数点子多；有的，蜻蜓点水作风虚。凡此种种，皆因底数不明。

决策的有“数”，既包含有形的“数”，比如通过大数据来把握事物发展的规律，美国国防部高级项目研究所早在 21 世纪初就曾尝试建立一个超级数据库，实现有效社会治理，让决策有“数”可依。

当然，也要用好无形的“数”，比如基层官兵对这项决策内心的真实诉求，决策有多大的“共识度”，或者决策可能引发的舆论影响、利益关联和社会反应，等等。无形之“数”和有形之“数”，都是我们决策要掌握的信息，最后再海纳百川进行客观分析和理性研判。正如《管理决策新科学》一书中有一句发人深思的话，今天的稀有资源不是信息，而是处理信息的能力。

把“数”的思维融入到工作中去，落实到决策中，自然会少一些“拍脑袋”的随意，戒掉“一言堂”的傲慢，这是敬畏科学的彰显，也是敬畏人民的体现。在这种土壤中生长出来的决策，必定能够赢得基层一致“点赞”。

决策决策，有决更须有策。策从何而来？策从“数”中来。决策不可任性，要清醒看到，新时代里，即使经过科学论证的决策，也要有一个调整缓冲期，或者试用完善期。改革纵深推进之际，每一位领导干部都应有摸着石头过河的意识，手中有“法”，心中有“数”，决策有“据”，在把握复杂多变的形势中找到“最优解”，达到最大“公约数”，以科学有效决策为新时代发展添砖加瓦。

2018 年 4 月 2 日刊登于《空军报》头版

新时代更当“见嫌而不苟免”

近读誉为天下奇书的《素书》中有一句话，名曰：“见嫌而不苟免”，言简意赅，却发人深省。意为遇到可能引起别人猜疑的问题，不躲避，不退缩，知难而进，滚石上山。由此想到，走进新时代，更当发扬“见嫌而不苟免”的精神，这考验的不仅是勇气，也是境界，更是担当。

进入新时代，驶入深水区，困难接踵而至，难题纷至沓来，如果没有一种“见嫌而不苟免”的精神，总是捂着“乌纱帽”干工作，盯着“官位子”谋事情，腰里别算盘、光替自己打算，于党于国于己均无利。

荀子云：“口能言之，身能行之，国宝也。”只有明知道会对自己名声和形象不利，却能以大局为重，以事业为重，坚持做符合真理的，那才是真正的高明之人和国之栋梁。也许暂时个人易受非议或责难，但历史和时间终将证明谁是正确的。反倒是爱惜羽毛之人，看似工作毫无瑕疵，日久必被人识破伎俩。

《吕氏春秋》记载，晋平公让黄羊给南阳推荐一名干部，祁黄羊首推解狐。平公问：“解狐不是你的仇人吗？”他很坦荡：“您问的是谁适宜补南阳之缺，并没有问谁是我的仇人。”不久，平公又让祁黄羊推荐军事统帅。祁黄羊推荐了自己儿子祁午。平公更疑惑了：“祁午不是你儿子吗？”他回答：“您问的是谁适宜担任国家军事统帅，并没有问谁是我儿子。”按照祁午意见的两次任命，最后证明都人尽其才。

按照常理，祁黄羊的两次推荐，都会让人诟病，让人猜疑。但他处事唯公，不徇私情，该怎么处理就怎么处理，用事实来打破外界对他的怀疑。20世纪80年代，年广久的炒瓜子作坊发展到100多人的“大工厂”，当时有人认为这是资本主义剥削，把“状子”告到中央。邓小平同志顶住压力说：“放两年再看，让傻子瓜子经营一段，怕什么，伤害了社会主义吗?”历史证明了这一决策的正确。

前进之路上，不可能“也无风雨也无晴”，必然会碰到许多意想不到的“中梗阻”。与鲜花、掌声和赞美同步而来的，一定有怀疑、猜忌和责难，甚至于“食落众人口，罪过一人当”。但如果凡事都想当爱惜羽毛的“开明绅士”，抱着“你好我好大家好”的庸俗哲学，热衷左右逢源的好事，我们的事业注定会变成“空中楼阁”。有的人看似当好人，其实在害人。总是美言佳句的“和风细雨”，背后往往潜藏着误国害人的“暴风骤雨”。

有人说，背着“黑锅”前行，是改革者必须经历的修行。进入新时代，我们需要更多能站出来的脚步、能挺起来的腰杆、能扛住事的肩膀。凡事不为个人利益所纠结，心怀宏大格局，始终出于公心，个人前景必能“云开巫峡千峰出”，改革事业定会“转首关河气象新”。

2018年3月刊登于《基层政工读物》第3期

以“主角观”干好“配角事”

毛主席经常讲这么一件事：红军过草地的时候，伙夫同志一起床，不问今天有没有米煮饭，先问向南走还是向北走。革命队伍中，一位伙夫都有这样的大局观，都自觉把自己摆到革命中坚力量的位置上，才有了我们的队伍从胜利不断走向胜利。

只有小演员，没有小角色。舞台上的主角和配角，是根据戏的内容定好的，没有配角，哪有主角。谁演主角，谁当配角，也是根据演员特点决定。同理，工作上的主角和配角，既是根据职责划分的，也是根据工作大局需要安排的，有时也出自于组织对个人性格特点的把握，既不能分高低，也不应有主次。有位名演员说：“再小的角色都要认认真真去演，即使是配角，也要百分百投入自己的心血，为角色全力以赴。”

一幅意境韵味俱佳的中国画让人流连忘返，虽由画中点睛之笔或者主体部分起决定性作用，但其他地方的用墨、着色和布局，亦在为整幅画加分增色，甚至于起奠基性作用。正因那些辅笔不计较位置，才会成就主体突出的效果。

干好革命工作亦当如此。该当“小卒”就应勇往直前，轮到“助攻”时就应坦诚谦让，“争名于朝、争利于市”，只能让工作质量“缩水”、让个人形象“丢分”。骏马能历险，犁田不如牛；坚车能载重，渡河不如舟。人各有所长，不能因成为配角就妄自菲薄，也不能因是主角就狂妄自大。如果事事都要争个主角配角、分出个高低轻重，事业必定无法向前。任何一场戏，主角必定只有一个，大部分人只能当配角，以“主角观”干好“配角事”，就是凡事都要放到大局中去思考摆位，当好革命“螺丝钉”。

上士忘名，中士立名，下士窃名。张国焘一心想当革命“主角”，甚至于妄图另立中央，最后落得个身败名裂。反观不争主角、不求虚名、不图功利的老一辈革命家，却最终都在历史的舞台上成为历史主角。抗战时期，组织找李先念谈话：“先念同志，组织决定你到八路军一二九师当营长，你有什么意见吗？”按照当时红军编制，岗位调整要从军级降到营级，但李先念毫不犹豫：“坚决服从组织安排。”

单丝不成线，独木难成林。既要能甘当配角，又要有主角的姿态和担当，这样的干部才有可能有朝一日也成为主角主力。

2018年9月26日刊登于《空军报》3版

成长多在“吃劲处”

宋代洪迈《容斋随笔》有言，圣人不畏多难而畏无难。温室里长不出参天大树，庭院里也不可能跑出“千里马”，诚如许多工业产品出厂前都会反复模拟极寒极热环境进行“测试”，年轻干部要想成长得更快，也应到“吃劲”岗位去加钢淬火。

做难事必有所得，这是金一南常说的一句话。一个岗位，干上几年，时间一长，步入轻松之态，往往容易四平八稳，甚至自我感觉不错。岂不知那往往都是能力重复、水平反复。如果换了一个岗位，也许会明显感到“吃劲”，但“吃劲”过后，便会换来“淬火重生”。美学家朱光潜有段时间写诗信手拈来，十分得意，将作品送给朋友赏析，却被浇了一盆冷水：“你的诗词来得太容易，你没有下过力，你喜欢取巧，显小聪明。”一语点醒梦中人，意境需要洗练，用词应当推敲，成长更需要在“吃劲处”磨砺。

听一百遍景，都不如亲眼看一次来得深刻。自己翻越的高山、闯过的激流，最终都会成为个人身心的有机部分，并伴随自我在成长的道路上破浪前行。成长的烦恼，谁都不能跨越，也无人可替代，该爬的坡就得迎头而上，勇敢接受。吃过“劲”的地方更强壮，这其实也是自然法则。

困难是弱者的高山，却是强者的砺石。哲学家培根曾说：“超越自然的奇迹，总是在对厄运的征服中出现的。”好钢出炉需要提纯去气，在“吃劲处”历练就像是年轻干部的“去气”，去文气、躁气、娇气、颓气、戾气，真正锻炼出一身钢筋铁骨。大学刚毕业时，我作为排长，每天清晨去兵器场地打草，打草的水平甚至不如一个入伍两年的战士，时有抱怨之心，但回过头想一想，正是那段经历，除去了自己“骄娇”二气，也明白了越“吃劲”越受益。

好走的路往往都是下坡路。人的内心和潜意识都喜欢追求舒适，工作渴望待在惯常“舒适区”，但往往敢于走出“舒适区”，喜欢“讨苦吃”，闯到“吃劲处”，才容易达到更高境界。就像科学研究发现，花样滑冰运动员里，顶级运动员往往喜欢练习未掌握的动作，而普通运动员常常反复练习已经掌握的动作。

不踏荆棘，何来桂冠？“生活总是让我们遍体鳞伤，但到后来，那些受伤的地方一定会变成我们最强壮的地方。”海明威如是说。是的，成长总是与“吃劲”相伴，成功总是与“受伤”相随。

2018 年 12 月刊登于《基层政工读物》卷首语

脚下常应“多沾泥”

评价一件新闻作品的优劣，常常会用是否充满“泥土味”来评判。评价一个人是否随和，有时也会用是否“接地气”来比喻。真正的共产党员，应从群众中来，应多到群众中去，评价其称不称职，脚下有没有“泥”，是一个重要标准。

有的党员干部，稍微有点职务，就开始“打官腔”，满口“衙门味”，说不了“百姓话”，见到群众不会聊天，到了基层不愿沉到一线，打官腔、耍官威、显官派，身不出门、脚不沾泥、手不沾土，失去党员干部应有样子。

天地之大，黎元为先。对党员干部来说，无论时代条件如何变，不变的应是对人民的赤子之心。1945 年，民主人士黄炎培访问延安，对“延安作风”与“西安作风”之迥异感慨至深。回去后，他在《延安归来》中提道：“和他们天天见面谈笑，真是古人所说的如坐春风中，让人如沐春风的，不只是共产党人平易近人、和蔼可亲的表情，更是毛泽东对延安老人的殷殷问候，周恩来与边区群众一起纺线的朗朗笑声，朱德与战士一起打球的矫健身影。”细节反映本质，那些温馨感人的画面，诉说着什么是真正的血肉联系。

“多沾泥”，工作才能接地气。没有沾过泥的脚，就不懂得基层是什么样，也不会明白群众需要什么，工作的痛点和堵点在哪里，制定政策、出台文件不仅针对性不强，甚至还有可能闹笑话。“寻乌哪几家豆腐做得最好，最容易卖掉？又有哪几家水酒做得最好？”1930 年 5 月，毛泽东在闽粤赣三省交界处的寻乌，一双泥脚走遍全县，这次著名的“寻乌调查”，让红军确立了“取消苛捐杂税、保护商人贸易”的新政策，纠正了“左倾”错误，解决了供应难题。

“多沾泥”，个人才会有人气。要像鱼儿一样汲取水的力量，党员干部就要多交老百姓朋友，多到基层去看一看，这样的党员才更有人情味、更有亲和力，也才能和群众打成一片、融为一体，成为群众领路人和贴心人。身架越低，身价才越高。长征时，红六师十八团打仗每次都是嗷嗷叫，部队同志们经常说：杨政委在队前一站，不用开口讲什么，就是最好的政治动员。每天行军，政委杨秀山都是主动行走在队伍中。一次战斗，他的左眼被一颗子弹击伤，他抹了一把鲜血，继续指挥部队作战，直到把敌人打退，才简单进行了包扎。

“多沾泥”，担当才能出虎气。党员干部要担当应担当，但担当必须心中有底气，有底气才能出虎气。底气从何而来？从对全局的清晰把握和深入的调查研究中来。“大跃进”之初，彭德怀回故乡湘潭调研，为知道一亩地究竟能打多少粮食，自己亲自种上试验田，脚踩泥土地，手刨新农田，翻地施肥、驱赶鸟雀、除草防害、精耕细作，得出一分地不超过 90 斤的结论。其实，早在 1958 年，当发现农村极度困难的真实情况，彭老总不为“左”的做法推波助澜，而是旗帜鲜明表态：“来年日子怎么过，我为人民鼓与呼。”

有人曾请教郑板桥画竹技巧，他的回答意味深长：“后院竹十万个，皆吾师也，复何师乎？”党员干部亦应如此，基层中有无穷智慧，泥土中有无穷力量，脚下多沾泥，才能成先进之人、验工作之效、明为官之道、兴发展之业。

2018 年 12 月 1 日刊登于《空军报》3 版

好主意里有担当

良士一计，胜过千军。参谋人员，顾名思义，就是要参与谋划，而谋划关键是要学会出好主意。一个好主意首先要是大主意，其次要是正主意，最后还必须能经得起实践和历史检验，这就要求出的主意得有科学性、针对性和可操作性。但大家往往容易忽略关键一点，好主意里更应有担当。

有一寓言引人深思，说的是新来一猫恪尽职守，周边老鼠叫苦连天。老鼠们召开大会研究如何对付这个敌人，一只老鼠聪明地说："不行就在猫的脖子上挂一个铃铛，只要它一动咱们就知道了。"这看似是个好主意，但是大家推来推去，谁也不想去挂这个"铃铛"，好主意瞬间成了馊主意。实际工作中，类似例子比比皆是。

有的人出个主意，相当于给别人挖一个坑，自己不种树不知种树之难、不解种树之需，其实就是不管不顾别人实际操作中可能存在的困难。出主意，首先应出于公心，哪怕是给自己添了很多麻烦，只要对事业发展有益，都应毫无保留，不趋利避害。出主意，要首先把自己摆进去，自己也应该是担当的一分子，不能光从局外人的角度瞎出主意。

好主意里是要有担当的。这种担当，是对党和国家事业高度负责的担当，也是自己主动作为负责到底的担当。1958 年党的八届六中全会上，对 1959 年钢产量提出了很不切合实际的指标，要求达到年产 1650 万吨。陈云听后，觉得这个主意不可行，周密调研之后，力排众议把年产钢指标定为1300万吨，这个好主意很快被采纳。因为对党的事业高度负责，因为自己不是光出个主意就袖手旁观，而是深入其中，事事亲为，陈云的好主意不仅是党性彰显，也是担当体现。

历史上，张良不计较韩信可能会抢他的“风头”，大胆出主意举荐韩信，封了举足轻重的韩信为齐王，真正让刘邦多了一个左膀右臂。谋臣朱升向朱元璋提出的“高筑墙、广积粮、缓称王”，开创大明王朝二百多年的基业，如果他只寻思封官觅侯，估计巴不得朱元璋早日称王。

身在兵位，心在帅位。好主意的担当，要能与一个主意的执行落地同步思维，既不断出完善决策的新点子，又积极成为参与者；既能从事业大局上出发，又能为他人的实际困难考虑。空谈误国，实干兴邦。新时代新征程上，出好主意，就是既要当出主意的“指挥员”，又要当好落实主意的“战斗员”，多秀主动担当的“宽肩膀”和“铁肩膀”。

2019年1月23日刊登于《空军报》

莫让“坐而论道者”坐享其成

《秦岭北麓违建别墅始末》新闻专题片披露后，让全国人民看到一些干部空洞表态、空喊口号、空抓落实的行径。究其本质，是形式主义和官僚主义在作祟，使中央6次批示在地方空转，不仅破坏自然生态，也伤害政治生态。凡事不以身作则，而以“声”作则，给我们敲响警钟，对身边“口头积极者”须时刻警惕，防止“坐而论道者”坐享其成。

“口头积极者”，往往看似壮志凌云，实干起来却“雷声大、雨点小”。做不到、踩不实、干不好有多种原因，有懒惰拖延的内因成分，也有虚假表态的主观动机，根子上还是政绩观不端正。有的有心无力，的确是能力素质达不到，却只想“争彩头”“博欢心”。有的有力无心，老想着四两拨千斤的“美事”，不想下踏石留印的苦功。最让人痛恨的是，既无心也无力，纯粹就是思想漂浮、糊弄工作，害人害己。

决心在“嘴上”，打算在“话上”，把“说了”当“做了”，把“说好了”当“做好了”，往往没有“下文”如何，也没有“下回”分解。“口头积极者”，热衷于拍胸脯，只为“中听”，不为“中用”，是事业的害群之马。他们认为，只要说到了、喊到了，甚至马屁到位了就行，能不能干到位无所谓，让形式主义泛滥成灾。检查督导不到位，助长他们侥幸心理。跟踪问效少，让“口头积极者”大行其道。

历史上，齐景公曾问，“食鱼无反，勿乘驽马”为何意？一代名臣晏婴答曰，吃鱼不要翻鱼身，出门不要骑劣马，在于告诫君臣莫要压榨百姓，更不能滥用无德无才之辈。景公接着问，纪国把道理刻在金壶上，为什么最后还是衰败了？晏婴答：知道却没有做到。纪国表态不仅在口头上，甚至刻在金壶上，但行动不落实，一切等于零。

不比快门比调门，不比表率比表态，“口头积极者”多了，轻轻松松就得到实惠了，必然产生破窗效应，“空洞表态”变为成本最低的行为，甚至导致劣币驱逐良币。言不空泛则立信，名不虚浮则立德。红军时期，毛主席把“行”称为“实际宣言”，要大家以行动来宣传。

墨子云：“政者，口言之，身必行之。”共产党员首先要当好知行合一的示范引领者，如果嘴巴上喊空号、落实上放空炮，损害的是事业，影响的是威信。培养让“口头积极者”无处遁形的优质土壤，既要从加强自身修养做起，也要从勤拿“手电筒”照起。不让“口头积极者”有市场，以“敬一贤而众贤悦、诛一恶则众恶惧”的决心意志，让想干事者真正心无旁骛干事业。

天下之至拙，胜天下之大巧。世界上的事情都是干出来的，不干，半点马克思主义都没有。华美言辞代替不了有效落实，虚构蓝图经不起历史检验。计划千万条，会干第一条。真正让人放心的干部，是干事抓铁有痕，而非表态铿锵有力。历史的舞台，终究属于实干者。

2019 年 4 月 2 日刊登于《空军报》头版

戒炫辛劳多求功劳

话说被《明史》称赞为“忠心义烈、与日月争光”的于谦六十岁寿辰时，门口送礼之人如过江之鲫。管家早早被叮嘱，一概不收寿礼。有一件寿礼却很“特殊”，是皇帝专程送过来的，名为玉猫金座钟。管家很有“觉悟”，照例把太监送来的礼物拒之门外。太监在愤然拂袖而去之前，留下一首诗：“劳苦功高德望重，日夜辛劳劲不松。今日皇上把礼送，拒礼门外情不通。”

法则戒律，俗世情理，孰轻孰重？于谦见了，在四句话后面又续添四句：“为国办事心应忠，做官最怕常贪功。辛劳本是分内事，拒礼为开廉洁风。”一席话，说得太监无可回击，只能回去复命。

干革命事业，做本职工作，都是分内职责，不应把辛劳挂在嘴边，更不要有居“劳”自傲的感觉。著名作家梁衡在《大无大有周恩来》中，总结周恩来有“六无”：死不留灰，生而无后，官而不显，党而不私，劳而无怨，去不留言。其中给百姓留下最深印象的，便是周总理劳苦功高却始终劳而无怨。

能够做到劳而无怨，何其容易？戒炫辛劳、多求功劳，心中要有境界，干部不是为了贪图享乐的，宗旨是全心全意为人民服务。勤勤恳恳工作，留下实实在在业绩，是为政之本，不是炫耀资本。手中要有方法，必须力求干一件事成一件事，学会“弹钢琴”，少些事务，多些务实，不蛮干乱干，以问题解决多少、事情办成多少作为衡量标准。肩上要有担当，干大事挑大梁必定会遇到无数艰难险阻，必定要闯过许多急流险滩，四平八稳的辛劳难以扛起重任，战术上的勤奋，有时掩盖的是战略上的懒惰。

毛主席早就讲过，“不要吃老本，要立新功”。有的人，总是跳不出曾经的功绩，动辄谈过去怎么样，鲜提今日有何功，甚至常常把辛劳当作无能的“遮羞布”。过去只能代表过去，事业永远面向未来，当干部须有这样的情怀，辛劳无怨付出，功劳时时产出。

不要人夸颜色好，只留清气满乾坤。干工作不是炫给人看的，把辛劳当功劳炫，炫的是有用的辛劳尚可，如果全是“无用功”，只开花不结果，没有一点“含金量”，甚至只是刷刷“存在感”，损耗的是事业，毁伤的是形象。唐寒山诗中喻讽：我见瞒人汉，如篮盛水走。一气将归家，篮里何曾有？

联想集团有个理念：不重过程重结果，不重辛劳重功劳。辛苦，不是邀功的“砝码”，而是基本的要求。评价一个干部，当然既看功劳也看苦劳。但作为一名党员，还是要常存“无功便是过”的事业心，多献上自己的“功劳簿”，少算个人的“辛劳账”。

2019 年 10 月刊登于《基层政工读物》卷首语

时时牢记心中誓言

穿越无数险峻丛林，穿过危机四伏的国家，当年轻中尉安德鲁·罗文把信送到巴西盟军将领加西亚手中时，他内心一定涌动着无以言表的自豪。

这是《把信送给加西亚》一书中讲述的传奇故事。在 19 世纪的美西战争中，美方一封具有战略意义的书信，急需送到巴西盟军将领加西亚的手中，可此时加西亚正在丛林作战，没人知道他在什么地方。罗文徒步三周，完成了这个不可能的任务。其间发生的困难我们无法想象，但可以想象到的是，每当遇到艰难险阻或过不去坎，罗文一定是靠心中誓言支撑着他一往无前。

每个人都立过心中誓言，每个政党也都有自己的誓言，而共产党员的誓言须用一生去坚守去践行。誓言不是入党时的“敲门砖”，不是参加宣誓时的“大口号”，而是我们时时警醒自己的“紧箍咒”，是我们立为党之志、修为党之心、务为党之实的“定盘星”。关于誓言，宋朝诗人陆游曾叹，“誓言死为期，身在敢暴弃”。那种一生践诺的豪迈气概，值得我们终身学习。

誓言，除表示自己的决心意志外，不应忽视它无时不在的内心鞭策。在《说文解字》，关于“誓”字的解释只有三个字，约束也。入党宣誓的激情，难以始终保持，但入党宣誓的誓言，应时时铭记。面对工作困难不断加码时，面对声色犬马物欲诱惑时，面对个人得失现实考验时，是否能把誓言作为一面镜子、一把标尺，去校正现在的路，去对自我再教育再洗礼，这既是党员应有的思想觉悟，也应是党员的自觉修为。

入党誓词很短，只有短短八十个字，但字字珠玑，句句山重。一次庄严宣誓，一生忠诚不变。作为一名党员，不忘初心，首先是不忘入党时的铮铮誓言，常用誓言来叩问自己、警醒自己、激励自己。古人言，举趾高，心不固矣。许多落马党员忏悔书中，都有“忘记了入党誓词”字眼。全国优秀共产党员张富清同志，深藏功名六十余年，从未对身边人谈起过赫赫战功，更不以此为资本向组织提要求、要待遇，以不讲条件、不计得失的格局境界，践行着“随时准备为党和人民牺牲一切”的初心和誓言。

大浪淘沙，唯有真信仰不会被黑暗吞没。曾几何时，在向党组织提交入党申请时，大家心情是何等激动，心灵是何等清澈，心境是何等崇高。马克思在他的中学毕业论文《青年在选择职业时的考虑》中，写下了年少的他对奉献与幸福关系的理解，实际上也是他的初心与誓言：如果我们选择了最能为人类福利而劳动的职业，那么，重担就不能把我们压倒，因为这是为大家而献身……铭记誓言，坚守一生，奋斗一生，这才是共产党员不忘初心、牢记使命应有的题中之义。

誓言如磐，一生践行。走在新的长征路上，唯有时时重温心中的誓言，方能做到“受命之日则忘其家，临阵之时则忘其亲，击鼓之时则忘其身”。誓言在，精神在，力量就在，燃旺的是心中一团火，深挖的是事业一眼泉。

2019 年 7 月 31 日刊登于《空军报》头版

“深蹲”之后当跳更高

非洲大草原有一种“尖茅草”，最初生长的前半年只有一寸高，但半年后的三五天内便能蹿至近两米。缘由是它用了半年时间，如饥似渴地积蓄力量，扎根地下几十米，才一飞冲天。“深蹲”才会有飞跃，沉潜方能有高度。

又是一年春来到，春耕号子已然响起。不误农时，方有收获。错过农时，往往就错过了一个春天。突如其来的新冠疫情，延缓了我们的脚步，相当于给每一个人都摁下“暂停键”。但暂停不是真停，“缓一缓、等一等”的懈怠思想不应有，抗疫工作脚步不能停，干事创业进程更不能停，必须同向发力、同频共振。

摁下前进“暂停键”，就应同步吹响惜时“冲锋号”。干事创业光有夸父逐日的执着不行，还少不了夜以继日的赶路。浑浑噩噩、左顾右盼显然不是真正意义的“深蹲”。如果没有时间意识，没有暂时“静默”时的如饥似渴，当机遇真的来临，一定手忙脚乱、追悔莫及。尤其是因疫情耽搁的事情、暂停的工作，更要识时、惜时、守时，该干的一件不能落，该抓的紧往前赶。

志士惜年，贤人惜日，圣人惜时。时间不等人！越是误下的工作，越要有强烈的愧疚感紧迫感，有“容不得半点懈怠”的清醒，把失去的事情追回来、补回来，把未来的工作谋精彩、干精彩。朱自清在《匆匆》里说，时间就像铁面无私不动感情的老人，不会因你的任何举动停住脚步，只会对你的虚度光阴报以轻蔑一笑，然后轻轻越过。

诚然，“深蹲”之时，一些工作暂时无法展开，但工作“歇”了，脑子不能“歇”。此时，何尝不是梳理工作思路、谋划未来工作的大好时机，不仅可以想一想哪些现在就可以干、哪些安排下一步干，也可以思一思已经干的工作怎么更实，还没干的如何干得更好。

现代战争有一个理论：开战即决战。在这样一个特殊“临战”阶段，时间更紧，任务更重，须惜时如金，以开局即决战、起步就冲刺的雄心壮志，去创造更大更好的工作业绩，用发展成果弥补逝去时光，用追赶超越挽救现实损失。让“春天的希望”早点播种，就一定能早日收获。

2020 年 3 月刊登于《空军报》头版

思想懒惰是最大懈怠

船的力量在帆上，人的力量在心上。

做一个有心的人，首先要当好一个思想上的奋进者、探索者和深耕者。正如邓小平同志所指出的："在党内和人民群众中，肯动脑筋、肯想问题的人愈多，对我们的事业就愈有利。"积极思考，是推动工作的重要法宝，也是事业前进的重要动力。思想的懒惰是最大的懈怠，与形式主义官僚主义彻底决裂，与追求一流事业同频共振，首先要从拒绝当思想的"懒汉"开始。

思想懒惰者不乏其人，现实比比皆是：有的从不研读马克思主义经典"大部头"，觉得费脑子，喜欢看浅表化的网络推送；有的不愿研究工作，遇到问题想当然，凭经验处理，按套路办事；有的热衷说大话空话套话，管用的话不会说，新鲜的话很少说；有的一味苦干蛮干，成为眼光短浅的事务主义者，等等。诸如此类，都是思想懒惰的体现。

拒绝思想懒惰，要让"问题式"思考成为一种常态。学而不思则罔，思而不学则殆。学习很重要，但仅仅为学习而学习，搞浅尝辄止、雨过地皮湿，这样的学习没有任何意义。要带着"问号"学，让"问题式"思考成为常态，聚焦问题不跑偏、扭住问题不放松，以问题导向统领学习过程，才不会"入宝山而空返"。"如果你从肯定开始，必将以问题告终；如果你从问题开始，必将以肯定结束。"把"问题式"思考贯穿始终，工作才能有所创造、有所发展、有所前进。

拒绝思想懒惰，要让“创新式”思考成为一种自觉。任何一项改革探索，成功的背后，都隐藏着创新的思考。没有创新式的思考，必然没有创新式实践。思想的活跃，不是空泛的活跃、无效的活跃，而是要努力形成创新的冲动，找到创新的办法，踩实创新的步伐。多一些“创新式”思考，要自觉用新理念覆盖旧习惯，自觉思考头脑中哪些东西是应该淘汰的，哪些东西是应该重新建立的，不断更新理念，自觉刷新思维，以此跟上时代步伐，融入发展潮流。

拒绝思想懒惰，要让“总结式”思考成为一种习惯。毛泽东同志在1965年与程思远谈话时曾说，我是靠总结经验吃饭的。吃一堑，要长一智。打一仗，更应进一步。总结式思考，是客观反思，是问题复盘，是全面回顾，是系统凝练。把总结式思考作为一种习惯，要习惯性地总结规律，析成绩背后的经验，剖问题根上的原因，把感性认识上升为理性认知。如不习惯于总结，就容易让工作在低水平徘徊，更罔谈找到短板和不足，遑论认清优势和机遇了。

唯有常出“思想之汗”，才能多品“收获之甘”。我们要多让思想活跃起来、兴奋起来、辛苦起来，让行动更加热火朝天，让事业更加如火如荼。

2020年7月21日刊登于《空军报》2版

情怀自浅深

列宁曾说，“没有人的情感，就从来没有也不可能有人们对于真理的追求”。党史中有信仰之根、精神之魂，也有烛照未来的光亮、辨明方位的指针，如果只学其表，那是远远不够的。党史学习是每一名党员干部的“必修课”，必须带着情怀学，咂摸出信仰的“味道”，触摸到真理的“光芒”，让党史的真理之光在心里扎根、在思想上开花、在实践中结果。

带着情怀学，要在心中有光中沐浴阳光。心有所信，方能行远。党史是一部真理实践史，越学越会坚定理想信念，越学越能坚守共产党人远大追求。当年，雷锋怀着对党的无限热爱之情学毛泽东思想，成长为伟大的马克思主义战士。只有心中有光了，才能充分感受到阳光雨露的恩泽。如果信仰蒙尘，阳光就难以照进心灵的角落。阳光是最好的“补钙剂”，要从党史中汲取精神之“钙”，把党史学习过程有机转化为信仰信念更加坚定的心灵旅程。

带着情怀学，要在汲取精华中立起精神。始终用历史唯物主义视角来看，爱护和珍视党的历史，践行实事求是思想路线，分清历史主流和支流，旗帜鲜明地抵制历史虚无主义。不戴有色眼镜、放大镜去读史看史学史，更不搞碎片化、庸俗化解读，被历史支流所迷惑。把历史作为最好的教科书，要从党史中学悟“乱云飞渡仍从容”的战略定力，领悟“不到长城非好汉”的进取精神，体悟“人间正道是沧桑”的发展巨变，感悟“苍茫大地谁主沉浮”的宏阔厚重，汲取精华，增智明志。

带着情怀学，要在学思统一中知行合一。学党史，学是前提，思是关键，只有学思统一，方能真懂真信，进而实现知行合一。开展党史学习教育，学不是终极目的，最终要在改革创新中实现“古为今用”。有情怀的学习，会增加学习的深度，增强学用结合、知行合一的力度。要多在思中学、在学中思，在党史的伟大实践与个人工作“联系”上下苦功夫，在党史的伟大历程与自己的思想“飞跃”上做大文章，既学进去“得其门而入”，更学出来“悟其道而出”。

风月无古今，情怀自浅深。带着情怀学，学出情怀来，这是我们当前需要回答的现实课题。

2020 年 7 月刊登于《空军报》1 版

愈清爽愈持久

人是一切社会关系的总和。关系于每个人而言，至关重要，而工作关系又是最重要的关系之一。同志之间，应倡导什么样的关系？《国语·晋语四》给出很好的答案：同德则同心、同心则同志。唯有共同事业最凝聚人心，于长远眼光来看，从事业发展来讲，清清爽爽关系最持久。

有清清爽爽的同志关系，自然就有其对立面。不可否认，一些腐朽思想扰乱了正常工作关系和人际交往，把简单问题弄复杂了，把单纯相处搞污浊了，关系学、厚黑学、官场术时而沉渣泛起，把同志关系异化为利益关系，把手中权力当作交往砝码，不讲原则讲人情，不讲规则讲关系，不讲党性讲面子，让天朗气清的同志关系蒙上“雾霾”。那些以牺牲立场原则去换取所谓“友谊”的做法，往往造成的是友谊之累、友谊之负，失去的是友谊之美、友谊之纯。

毛泽东同志说：“我们都是来自五湖四海，为了一个共同的革命目标，走到一起来了。”同志之间的关系，是建立在为共同目标奋斗基础之上的，是一种革命的友谊、共同的追求，不能被“江湖气”“功利心”所污染，不应被“人情味”“感情牌”所绑架。关系再好也不能逾矩，核心的是要讲政治守纪律，把关系放在政治要求、政治影响、政治效果中去思考和处理。孟母择邻而居，同志关系也应择友而处，推崇“零糖社交”，从管住“小爱好”、提醒“身边人”、净化“朋友圈”做起，不交无德之人，不交无义之辈，不交无耻之流，做到自我物理隔离。

干净地与同志相处，成长路上才会有好风景。唐代韩愈在《师说》中曾批评士大夫存在的“彼与彼年相若也，道相似也。位卑则足羞，官盛则近谀”的态度，相处不相克，相处也不能相污，而是报以信任、存以真心、施以友爱，才能在相处中找到自己的星辰大海。20世纪50年代，彭德怀同志因公顺道路过南京，许世友将军用炒豆芽、炒肉片等家常菜招待，彭德怀不仅没有觉得受到冷遇，反而乐在其中。

祸患常积于忽微。同志之间相处，小事、小节、小利、小言，都在展现自己形象，也在考验着彼此定力，决不能因一顿饭、一瓶酒，或一时潇洒、一次放纵而自毁前程，让彼此成为“温水煮青蛙”的牺牲品。同志之间要相互拉拉袖子，多在友谊的小船中找到前行的动力。鲁迅先生曾说，“人生圈，或者是美的圈，或者是真实的圈，或者是前进的圈”。

与朋友交，久而敬之。敬就是保持距离，也就是防止过分亲昵，防止过头的亲近产生的抱团，更要防止过度的亲密带来的越轨。明代名臣于谦曾在生日夜作诗自乐：剩喜门庭无贺客，绝胜厨传有悬鱼。清风一枕南窗卧，闲阅床头几卷书。于谦不可谓不位高权重，却十分清醒，始终远离阿谀之辈，生日门庭清净，很少贺客应酬，一缕清风，闲阅诗文，快乐自在。反观明朝内阁首辅严嵩的大管家过生日摆宴席，送礼官员竟占总数五分之一，有的御史号称是他的“拜把子”兄弟。但严嵩一倒台，顷刻便树倒猢狲散。

上等关系彼此成就，中等关系彼此迁就，下等关系彼此折旧。清清爽爽的同志关系，要的是有原则的往来，有情谊的相处，有提升的互补。以志交，坚如磐石，最长久，也最可靠。

2021年1月9日《空军报》2版

忠诚有魂

有人说，真花与假花的区别，不在于哪个好看，而在于有没有生命，有没有芬芳。同理，党员的真假，区别就在于有没有魂。这个魂，是忠诚之魂。如果缺了、虚了抑或是弱了，那就改变了本质，失去了本真。

对党忠诚，是共产党人最鲜明的本色，也是共产党人最基本的品质。缺乏忠诚这个精神底座，信仰大厦迟早都会崩塌。列宁说："徒有虚名的党员，就是白给，我们也不要。"对于那些口头忠诚、表面忠诚的人，甚至只把忠诚当作面具的人，越多越有害革命事业。有的人错误认为忠诚差不多就行，反正和平年代没有生死考验、难遇大是大非，忠诚纯度无妨工作力度。殊不知，千里之堤溃于蚁穴，忠诚必须是唯一的、彻底的、无条件的、不掺任何杂质的、没有任何水分的。这样的忠诚，才能历经磨难而不改向，面对考验而不变色。没有高度纯洁的忠诚做支撑，战争年代就会被敌人打倒，和平年代易被利益俘虏。

"忠也者，一其心之谓也""诚者，真实无妄之谓也"。一名干部，有了忠诚的信仰，站位自然就高了，格局自然就大了，定力自然就足了。2009 年评选 100 位为新中国做出突出贡献的英雄模范人物，蔡和森名列其中。作为中共早期卓越领导人之一，他年纪轻轻就开始接受并宣传进步思想，创办《湘江评论》，甚至连个人婚礼都充盈着信仰的味道。他和向警予的结婚照，是二人捧着马克思的

《资本论》，以此表示革命理想事业上的同舟共济。“匡复有吾在，与人撑巨艰。忠诚印寸心，浩然充两间。”英勇就义时，他用年轻生命践行年少时立下的豪迈誓言。所以，毛泽东同志曾讲，一个共产党员应该做的，和森同志都做到了。

忠诚是灵魂深处的问题，别人也许看不透，但自己最清楚。所以，涵养以忠诚为魂的自觉，必须时刻提纯。要靠创新理论的滋养来提纯，对马克思主义立场观点方法如饥似渴、如数家珍，以理论清醒确保政治坚定。要靠反躬自省的净化来提纯，面对错误思潮不含糊其词，面对物欲横流不价值偏移，面对消极腐败不迷茫困惑，面对利益选择不患得患失。讲忠诚是具体的，不是虚化的，必须在这些方面做出实际而正确的回答，才能真正在灵魂深处培植“革命理想高于天”的精神家园。

天下至德，莫大于忠。从“砍头不要紧，只要主义真”的大无畏，到“威武不能挫其气，利禄不能动其心”的大气概，再到“忠诚印寸心，浩然充两间”的大胸襟，无不源于忠诚。以忠诚为魂，任何时候任何情况都应不改其心、不移其志、不毁其节，一点一滴、一言一行、一分一秒，都作为检验忠诚的战场和考场，时刻校一校认识上的“偏”，祛一祛骨子里的“软”，除一除灵魂深处的“私”，以刀刃向内的勇气、壮士断腕的魄力，彰显共产党员襟怀坦荡的品格。

一个人的脊梁，不是骨头而是精神。板荡识忠臣，面对中华民族伟大复兴战略全局和世界百年未有之大变局，必然会有越来越多的“娄山关”“腊子口”等着我们去闯，更加需要我们在乱云飞渡中不迷失，在泰山压顶下不退缩，在糖衣炮弹前不投降，配得起对得住“忠诚”二字！

2021 年 12 月 27 日刊登于《空军报》1 版

择友的高度

近朱者赤，近墨者黑。近期，一些领导干部因小事小节遭遇人生“滑铁卢”，虽不算大是大非问题，却同样毁三观、碎节操、大跌眼镜。细细分析，都与遇人不淑、交友不慎、识人不善有关，根子是架不住诱惑、抵不住侵蚀、管不住自己，甚至主动勾搭、自甘堕落乃至以身饲虎，让自己悔恨终身，也令他人扼腕叹息。

朋友是一面你的镜子，你身边站着谁，别人就以为你是谁。陕西省副省长冯新柱和老板朋友住在一起、吃在一起、玩在一起，组了一个叫“开心团”的微信群。作为高级领导干部，居然有这样的朋友圈，怎能不滑向罪恶深渊。因为身边有了这些朋友，相信知情的人早在心里给他“挂了号”“划了圈”“判了刑”。在生命最后一刻，革命志士罗广斌提交《重庆党组织破坏经过和狱中情形的报告》，写下令人警醒的狱中八条，其中第六条便是重视党员特别是领导干部的经济、恋爱和生活作风问题。这三个方面的问题，都跳不出身边有什么样的朋友这个关键。

曾国藩说：“一生成败，皆关乎朋友之贤否，不可不慎也。”明代大才子唐寅早年胸怀大志、天赋才情，科考时因结交参与舞弊的朋友被牵连，落寞时又和热衷吃喝玩乐的朋友鬼混，从此一蹶不振。巴金和冰心从青葱岁月到耄耋之年，相交 70 年，长期以书信往来交流思想、共同进步。《孔子家语》说：“与不善人居，如入鲍鱼之肆，久而不闻其臭，亦与之化矣。”纯正三观，纯洁交往，抵制庸俗，是每个人一生必修课。思想的庸俗化就是滑坡的开始，庸俗的朋友多必是滑落的征兆，只有捏针远行般慎始慎终，才能保全自己。

和谁相遇，自己无法确定；选谁为友，自己可以决定。有人犯错后总埋怨交友不慎，但有的明明是半推半就，有的甚至主动贴靠。根本原因在于，定力心性不够，境界品行不高。有位哲人说，好的朋友应该是一个灵魂住在两个躯体之内。这句话，蕴含中国传统文化关于君子和而不同、小人同而不和的朴素哲理。《人生》中的高加林，没有正确的是非观，错过人生一次次选择，最终喝下自己酿下的苦酒。

生活中，魔鬼的面目并不狰狞，大多是以天使模样出现在你的身边。《克雷洛夫寓言》里说过：“地道的自私自利，会戴上友谊的面具，却又设好陷阱来坑你。”一位领导分享他的交友“十不”原则，不交嘴上马列、阴阳两面之人，政治失意、牢骚满腹之人，心术不正、品行不端之人，追名逐利、私欲膨胀之人，职务不高、能耐特大之人，接触不多、热情过度之人，世故圆滑、吹拍奉迎之人，假大虚空、不干正事之人，满嘴谎言、坑蒙拐骗之人，道貌岸然、生活糜烂之人。那应交什么样的人，古人所言“八交”值得借鉴，胜己者、盛德者、趣味者、肯吃亏者、直言者、志趣远大者、惠在当厄者、体人者。

离你最近的几个人，往往决定了你人生的走向。对于共产党员来说，交友绝不是个人的私事，而是关乎党员形象的大事。交往之中有政治，选择什么样的朋友，很大程度上决定我们选择什么样的生活，选择什么样的追求。与大雁齐飞，目之所及皆是广袤天空；与苍蝇为伍，所到之处皆是污秽狼藉。和格局大的人在一起，你的眼里就不会有鸡毛蒜皮；和自律向上的人在一起，你也不由自主想改变自己；和乐观豁达的人在一起，平凡生活也能富有情趣。把选择朋友作为选择人生一样慎重吧，那么朋友势必成为推动你人生进步的强大力量。

2022 年 4 月 28 日刊登于《解放军报》6 版

抬高人生的“天花板”

被誉为“延安五老”之一的谢觉哉为党和国家事业作出突出贡献，即便年逾花甲，他也没有停下自我提升、自我超越的步伐。六十岁生日那天，他写道：行年五十，当知四十九年之非，那么行年六十，也应该设法弥补五十九年的缺点。超越自己的过程，是一次次“重整行装再出发”的旅程，需要我们抛开过去荣誉，将过去成绩归零，不断弥补自身差距和不足，始终保持“知不足”的清醒和“不知足”的干劲，将人生的“天花板”不断抬高。

心理学家赫伯特·奥托讲，普通人一生只使用能力的4%。现实中，许多人碰到事业挫折或者发展瓶颈，又抑或是个人能力、年龄、身心的原因，就自己给自己“判了刑”，产生一种深深“无力感”，认为已遭遇人生“天花板”。其实，这更像是思想的画地为牢，是一种认知的“天花板”。受限于“天花板”的人，因为认识不到位，导致行动也不到位。于是乎，思想上自暴自弃，行动上自由散漫，物质上寻求补偿，升迁上投机取巧，凡此种种，开始在身上呈现。

人最难的是战胜自己，最可贵的也是战胜自己。生命的意义和乐趣，也正在于不断突破自我，改变外界对你的束缚和制约，打破内心藩篱和自我设限，让“潜能金矿”得到深度挖掘和充分释放，源源不断获得放飞自我的强大正能量，让头顶的“天花板”越抬越高。

诚然，外在的天花板是固定的，是一把悬在脑袋上的达摩克利斯之剑，是一面堵住心门的隐形之墙。但如果就此放弃追求，那么事业“天花板”真的就成了人生“天灵盖”。伟大哲学家苏格拉底曾说：“如果你安守奴隶的本分，此生你永远不可能成为主人。”没有边界的思维，才是最高明的思维，让我们受到捆绑、受到束缚的，不仅仅是周围的环境，更多的是自我编织的“精神篱笆”。达尔文曾说物理学将止于牛顿，不会再有超越。随后出现的量子力学，打破物理学的“天花板”，开启世界的“另一扇窗”。

望远能知风浪小，凌空始觉海波平。放弃提高，满足“躺平”，是因为视野没有延伸、格局未能打开。心向万丈蓝天，才能突破眼前的“天花板”限制；力用千钧不懈，才能跨越现实的“篱笆墙”。

我们觉醒之际，天才会破晓。破晓时，不只是黎明，太阳也只不过是一颗晨星。

2022 年 11 月刊登于《军队基层建设》杂志

敢于砍掉“尾巴”

某次闲谈，身边领导抛出这么一句话：“不仅要夹着尾巴做人，还要砍掉尾巴做人，与不利于自己成长的事情来个物理隔离。”话音刚落，猛然一惊！是的，夹着尾巴总有夹不住的时候，砍掉尾巴才能真正杜绝后患。

俗话说，自己的刀削不了自己的把。敢于砍掉“尾巴”做人，是一场深刻的自我革命，是一次主动的自我手术。自身既是变革的主体，也是变革的对象，思想上需要高度的自省，行动上需要高度的自觉，艰难和痛苦可想而知，没有博大的胸怀和非凡的胆魄是难以做到的。东北民主联军某部进行党史学习辅导，“李敏然”同志被请上台作报告。他讲党在发展中的曲折故事，讲党的成长壮大，当谈及李立三“左倾”冒险主义错误时，他把“立三路线”形成原因、领导责任、心理活动讲得有声有色。有人举手提问：“您讲得这么详细，您是怎么知道的？”“我就是李立三！”用手指着自己鼻子的“李敏然”大声说。

能改正的叫缺点，改不了的就是弱点。改彻底不仅要一针见血、一抓到底，关键是敢于推倒重来，来一次彻底的“断舍离”。砍掉“尾巴”不能犹犹豫豫、拖泥带水，如果只触及“面子”，不涉及“里子”，只在细枝末节上修修补补，不在根本问题上大刀阔斧，可能看似溜光水滑，实则没有除去病根，到头来只能是“青山依旧在”“雨过地皮湿”，关键时候还是会出问题。

给自己“画像”难，找自己的“尾巴”更加需要勇气。我们砍掉“尾巴”做人，就是要激扬自我革命精神，真实刻画自我，画准画细存在病灶，不掩饰缺点，不回避问题，不文过饰非，勇于承认错误，敢于清除肌体病毒。在骄傲自满时，要及时把“尾巴”砍掉，让自己始终保持谦虚谨慎；在有脱离群众倾向的时候，要及时把“尾巴”砍掉，让自己始终心怀人民群众，把根扎在群众的沃土之中。政治清醒的革命者，皆有躬身自省的高度自觉。周恩来同志常以“我的修养要则”检视不足，陈毅同志每每在“中夜尝自省”中改正缺点，谢觉哉同志坚持在每晚睡前与自己“打官司”论是非……“芳林新叶催陈叶，流水前波让后波。”我们守初心、担使命，就要保持“无时不涵养，无时不省察”的自觉，一刻不放松地解决自身存在的问题。

但立直标，终无曲影。有刀刃向内的勇气，才能不断解决自身问题，使自己不断进步。我们正视不足，坚决清除自身“毒素”，关键时候要能“壮士断腕”，最终实现“凤凰涅槃”，在新的赶考路上交出更加优异的答卷。

2022 年 11 月 29 日《解放军报》6 版

给自己画个圈

《西游记》里，孙悟空用金箍棒给唐僧画了一个圈，圈虽小，但很管用，让妖魔近不了身、鬼怪使不了坏。但是唐僧一旦没有持重坚守，走出了这个圈，就有可能带来性命之忧。别人画的圈，唐僧总是没那么警醒。有时我们需要自己给自己画个圈，往往比法纪已有的圈、比别人提醒的圈，更管用更好用。

弘一法师说："不自重者，取辱；不自畏者，招祸。"某种程度上说，学会给自己画好圈，是更好地主动保护自己。画圈容易，但画好什么样的圈呢？取法乎上，仅得其中。要画，就应画一个比外在要求更高的标线，画一个比外在规则更严的内圈。在这个圈内，思想可以自由飞翔，行动可以任意驰骋。这个圈，不是对自由的约束，而是对自由的保证。

画好高尚的朋友圈。古语云，取友唯德。从"折梅逢驿使，寄与陇头人"到"鹅毛赠千里，所重以其人"，中华民族素来追求"君子之交淡如水"。党员干部，更是要把交友放在讲政治的高度，追求一种清清爽爽的同志关系。明朝苏浚在《鸡鸣偶记》中，把朋友分为四类：道义相砥，过失相规，畏友也；缓急可共，死生可托，密友也；甘言如饴，游戏征逐，昵友也；和则相攘，患则相倾，贼友也！现实中，有真心相待、真诚帮扶的好友，也有不怀好意的商友，不知底细的网友，不相为谋的损友。人不可能脱离社会而存在，朋友必然不可或缺。但党员干部交朋友，应与信仰追求相向、与个人身份相符、与情趣爱好相投，多交志同道合、为民服务、干事创业的好友，远离那些价值偏移、情趣低下、不务正业的损友。既能坦坦荡荡打开心门拥抱朋友圈，又要小心翼翼擦亮眼睛看清朋友圈。

画好高标的原则圈。古希腊哲学家亚里士多德说："人是被习惯所塑造的，优异的成绩来自良好的习惯，而非一时的行动。"生活中，踩着纪律的边缘走，往往一不小心容易触线碰圈。保护好自己不触底线、不越红线的最好办法，就是养成比普通标准更高标准的自律习惯，对自己画的原则圈比现实要求的原则圈更小一点、更紧一点、更严一点。王进喜把上级配给自己使用的吉普车，不仅没有当成私车随意使用，还把其当成钻井大队的公用车。唐朝宰相陆贽，他"严于律己，任何礼物一概拒绝"，认为"一旦开了口子，必定胃口越来越大"。高标尺的背后是高觉悟，如果心中始终装着为大公、守大义、求大我，高标的原则不仅不会成为一种自我束缚的枷锁，反倒会成为一种自我修行的常态。

画好高雅的情趣圈。"视其所好，可以知其人。"情趣反映品行，情趣反映修养，生活情趣如同一面镜子，能够折射党员干部作风形象。人人皆有情趣，但情趣爱好有雅俗之分、高下之别，许多党员干部滑向罪恶深渊都是从不良情趣开始。有的从喜欢打牌发展到迷恋赌博，有的从喝酒小友发展成酒肉朋友，有的从品鉴玉石发展为无石不收，等等。执迷是毒药。庸俗的情趣，往往让人精神空虚、意志消沉、思想颓废，败坏了自身形象，侵蚀了信仰信念。情趣情趣，既要有情，也要有趣，把对使命的赤子情、对事业的热情、对家人的真情熔铸人生，把创业创新的志趣、好学上进的兴趣、陶冶心灵的乐趣贯穿始终，如此之情趣怎能不高雅。共产党人的内心，应平淡、平和、平稳，以高雅的情趣圈，去铸造信念如磐、稳健执着的"压舱石"，保证自己人生航船的"吃水深度"，让人生之舟行稳致远。

2024 年 4 月 9 日《解放军报》6 版

育心之見

育心之见　书法题字：

中国书法家协会理事、中国书法家协会行书专业委员会秘书长　王学岭

当一个有“温度”的老师

有人说，缺乏温度的大学不是好大学。

那么，什么是大学的温度？这也许很难用理论和概念予以清晰诠释，但我们却可以用一个真实故事有力回答。2017年，甘肃定西残疾考生魏祥致信录取他的清华大学，希望学校能体恤他身体残疾所带来的生活不便，安排一间陋舍以便求学时得到母亲的照顾。清华大学不仅迅速满足要求，可贵的是，清华老师还深情回信：“人生实苦，但请你足够相信。”以人为本心中有爱，情意浓浓春风化雨，这就是大学的“温度”。

怎样才是一名好老师？对于老师而言，这样的命题，不能仅成为初执教鞭时的扪心追问，更应成为一辈子的心灵拷问。师者，传道授业解惑也，但育人更要育魂。牢记老师这个第一身份，不仅是要当好知识的传播者，还要学会当好爱的传递者。就像一位教育家在《爱的教育》中强调：“教育之没有情感，没有爱，如同池塘没有水一样。没有水，就不成其池塘；没有爱，就没有教育。”

象牙塔里，好老师一生都应是大学“温度”的传递者。如果天天在乎论文数量、日日比拼课题级别、年年较真个人职称，不仅自己感受不到大学的温度，更不可能传递育人的温度。大学之道，在明明德，在亲民，在止于至善。好老师须有人格魅力，没有爱，人格魅力就无从谈起。只有以爱育人、以德服人、以行正人，才能让学生“亲其师”“信其道”。

爱党爱国，不同时代固然有不同形式。但对于老师而言，最好的样式、最永恒的形式，无疑是倾心育人、倾注学生。不比家财万贯，我比桃李三千。在学生的“海洋”里徜徉，老师才最幸福。

海明威说：“冰山在水面上很壮观，是因为它有八分之七在水面下。”好老师是用心教出来的，是爱学生爱出来的，心里永远装着学生，学生才会永远装着你。上课疲于应付“赶场子”，备课涛声依旧“老样子”，热衷科研课题“挣票子”，这样的老师迟早会被学生遗忘、被时代遗弃。

大学不是造器，而是育人。英国教育家纽曼曾在《大学的理想》中一针见血地指出：“如果大学的目的在科学与哲学的发明，那么，我看不出大学为什么应该有学生。”在普遍热衷追求科研成果的当今高校，也许只当一个专门教书的老师会太平凡了，平凡得可能找不出一点“亮色”。但如果真的能坚持做好每一个有“温度”眼神、动作或关怀，也许这些都会变成师者课堂的“亮点”，成为师道传承的“亮色”。

有“温度”老师最好的选择，是把自己交给学生；有“温度”老师最好的课题，是把毕生献给讲台。

2018 年 8 月 7 日刊登于《解放军报》11 版

推开窗户一起找“风景”

哲学入门书《苏菲的世界》里有一句话：苏格拉底的高明之处在于，他与人谈话时看起来并无意要指导别人。所以，他并不像传统的学校教师那般讲课，而是与别人进行讨论。

教育不是注满一桶水，而是点燃一把火。这把火，要烧着的是求知欲望“燃点”，要烧旺的是潜在素质“干柴”。一个好老师，当把自己身段放低到和学生一个高度时，必定能看到和学生一样的风景，在共同探索、思维共振之路上，他们也必定会收获更多的美景。

推开窗户一起找“风景”，就要敢于承认自己无知。信息时代，知识更迭的速度，在某些方面已远远超过人的想象力。教育家陶行知先生说：“出世便是破蒙，进棺材才算毕业。”始终站在知识的前沿，不自满不停步，才能带着学生看到更多的风景。要记住的是，未来不是我们要到达的地方，而是我们自己创造的远方。

推开窗户一起找“风景”，还要善于走出职业倦怠。一辈子教一门课，越是烂熟于胸，越易滋生职业倦怠。心理学家克里斯汀·马斯勒将职业倦怠者称之为“企业睡人”。保持一颗童心，才能让激情不再“沉睡”。课内课外，与年轻人肩并肩心贴心，才能更好感受他们的新思想、新活力，把自己的疑问变为他们的实践，把他们的疑问化为大家共同的探索。更广阔天地，就在一起奔跑的路上。

推开窗户一起找“风景”，更要勤于培养工匠精神。二十世纪八九十年代，所有理工科院系学生暑假必修的一门课就是精工实习。

曾经有不少清华大学毕业生难忘这段“当工人”的经历，也正是这段实际操作训练，为他们以后成长为技术和科研领军人物打下良好基础。工匠精神不仅仅是 99.99% 和 100% 的差别，更重要的是坐而论道与躬身实践的对比。这种精神，应从课堂上开始塑造。

2020 年 3 月 17 日刊登于《解放军报》11 版

心有猛虎，细嗅蔷薇

文化之于大学，如精神、品格之于人类。

大学常讲以文化人、以文育人，就是通过浸润、感染、熏陶，达到入芝兰之室久而自芳的效果。这种变化、这种成长，是精神的滋养，是品格的淬炼。往深里说，是一种灵魂的濯洗。从现象看，则是年轻人言行举止的转变。

军校充满阳刚之气，越是心有猛虎，越应细嗅蔷薇。文化可滋养心灵，文化能涵育德行。因与话剧深情对视，开始爱上经典著作；因沉浸翰墨书香，开始痴迷军旅诗词；因创排多姿舞蹈，更加向真向善向美……寓教于美，寓教于艺，文化与育人碰撞出美德的火花，点燃智慧的火苗，校园处处是成长的课堂。

当然，文化育人还应有更多的青春气息，若不能与年轻人同频共振，不符合年轻人的审美和趣味，就失去文化本身应有的魅力。每一项看似简单的活动，幕后都须精心酝酿，将时代主题与大学精神相结合，摒弃空洞肤浅与枯燥复杂，找准年轻人“关注点”“兴奋点”和“成长点”，那么小活动也能迸发出大能量。

曾有学者把大学比作百花园，那么，文化育人就如同春风和雨露。育人看不见摸不着，但育人形式却可以具体而生动。大学文化盛宴，形式上做到有形、有声、有味、有情，效果上才能入眼、入脑、入心、入髓。

最是文化能育人。写好大学文化育人“大文章”，是立德树人必不可缺的环节。让学生学会了解美、感受美、欣赏美、创造美，才是有文化的大学。走出这样大学的青年，必然卓然不为流俗所移，必是饱含家国情怀，必定走得更远更从容。

2020 年 5 月 26 日刊登于《解放军报》11 版

向后看，向前进

有一首禅诗文辞朴实，却又隽永深刻："手把青秧插满田，低头便见水中天。心地清净方为道，退步原来是向前。"这是古代一位高僧从平常劳动中，悟出生活中蕴含的哲理，插秧者不断观察走过的路，看似在倒退，其实是在前进。

当流年荡涤昨日的青涩，当足迹镌刻昔日的时光，大学生又走进毕业季。这是新的起跑，也是新的长征。无疑，大家都在憧憬着明天，谋划着未来。干劲足足的状态、豪情满满的心态溢于言表。退步原来是向前，此时不妨回过头想一想，把大学生活如同电影镜头般回放，让泛黄的回忆带着些许思考的味道，多问问自己，大学四年都有哪些收获？大学四年又有哪些遗憾？过去的我还有哪些缺陷？过往的路我哪一步没有走好？

认真回头看，是为了更好向前走。《菜根谭》中说："忙处事为，常向闲中先检点，过举自稀。动时念想，预从静里密操持，非心自息。"懂得向后看，才有可能修正自己，校正人生坐标，调理人生状态。这其实是一种复盘思维，从时间里能寻觅到真理，从过去中看清真正的自己。有经验的船夫在引导船靠离泊位过程中，不但要"瞻前"，而且要常常"顾后"，即有一种"向船尾方向看看"的习惯，这样才能有效保证安全。

真向后看才能真进步，常向后看才会常受益。回头看，要学会多总结过去的成败得失，有问题的及时拾遗补阙，有不足的补火加温，有遗憾的回炉返工，让迈向未来的步子更稳健、让前行的路更宽远。

要在向后看中“照镜子”。给自己“照镜子”，其实就是给自己找标准、找准星。向后看，要对照信仰的初心“照镜子”，对照一流的作风“照镜子”，对照优秀的同志“照镜子”，对照过去的批评“照镜子”，坚决杜绝“美颜”，通过多维立体“照镜子”，客观找出属于自己的“全面照”“素颜照”。

要在向后看中“补短板”。人人皆知短板重要性，但许多人不善于找到自己的“短板”，更不主动去补自己的“短板”，最终导致在同一个地方重复摔跤，虽“悔溪成海”，仍“涛声依旧”。向后看，就要看准哪些是真正的短板、致命的短板，该今天补的就不能拖到明天，该下“猛药”的就不能蜻蜓点水，真正把补短板作为发展和成长的契机。

要在向后看中“敢返工”。讳疾忌医只会“病入膏肓”，最终“不治而亡”。看到自身问题，就要及时“返工”，以“不破楼兰终不还”的决心和“偏向虎山行”的勇气闯关夺隘。有蒙混“过关”的心态，结果一定是永远不过硬。一定要敢于主动“回炉”，主动加钢淬火，来一场扎扎实实的“返工”。

有位哲人说，向后看才懂得生活，向前看才能生活。认真向后看，剖析一次自我，盘点一些得失，总结一下过去，更好地指导现在、谋划未来，人生新的长征路，才能有“一蓑烟雨任平生，也无风雨也无晴”的洒脱和“春有百花秋望月，夏有凉风冬听雪”的收获。

2020 年 8 月 4 日刊登于《空军报》3 版头条

从“皮铺路”到“皮包脚”

近日，一位因为内务差而经常挨批的室友这样说：“如果不是因为我从下铺搬到上铺来的话，我的被子也不会叠得这么差，实在是适应不了上铺不利于叠被的环境。”听后，不禁联想到西方一个寓言故事。

很久以前，人类都还赤着双脚走路。有位国王到某个偏远乡间旅行，因路面崎岖不平，有很多碎石，刺得他的脚又痛又麻。回到王宫后，他下了一道命令，要将国内的所有道路都铺上一层牛皮。他认为这样做，不只是为自己，还可以造福他的人民。即使杀尽国内所有的牛，也在所不惜。

一位聪明的仆人大胆向国王建言：国王啊，为什么您要劳师动众，牺牲那么多头牛，花费那么多金钱呢？您何不只用两小片牛皮包住您的脚呢？国王听了很惊讶，但也当下领悟，于是立刻收回命令，改采这个建议。传说，这就是皮鞋的由来。

这当然有可能是一种戏说，但道理的确如此。想改变环境，很难；要改变自己，则较为容易。

达尔文曾说：物竞天择，适者生存。人在这个社会生存的过程，就是一个适应环境的过程。你不可能要求环境来适应你，而只能你去适应环境，这是自然规律，也是社会规律。

在军校有一些新学员，刚接触到新环境时，稍不如意便怨天尤人，不能积极适应环境。殊不知，环境不会因个人不适应而发生改变。面对这种情况，更应调整心态、改变视角，努力去学会适应环境变迁。智者如水，遇方则方，遇圆则圆，当有苏轼“一蓑烟雨任平生”的豪迈，有孟子“行有不得，反求诸己”的自省，有王阳明“水随器赋形，人随境制心”的通融。

当今社会发展日新月异，现代人要想更好适应快速变迁的社会，就需要与现实环境保持良好接触，客观面对现实，冷静判断事实，理性处理问题，积极适应变迁，保持一个良好自适应状态。适应力，是调节力，也是学习力，乃至定力。

2005 年 6 月 25 日刊登于《空军报》3 版

学思结伴行

爱因斯坦说过：“学习知识要善于思考，再思考，再思考。”在当今信息爆炸的时代，人们获取的知识量远远超过以往任何一个时代，思考比以往任何时候都显得更为重要。但在现实生活中，有的人尽管读了很多书，脑子却越来越糊涂，成为一个名副其实的“书架子”。问题不在于书读得太多，而在于思考得太少。再勤奋的学习，如果不加上思考，结果也是徒劳。

思考是人的天性，是人类进步发展的动力。养成善于思考的学习方法，就要像给汽车加油、为电池充电一样，不断把理性注入我们头脑。俄罗斯作家契诃夫说，“一人应有三个脑袋，一个是天生就有的，一个是从知识中获取的，一个是从生活中提炼的”。我们能否具备“从知识中获取”和“从生活中提炼”的理性头脑，往往决定着学习的最终成效。那么如何思考呢？思考的灵感，应来自不断地提问。现代思维的起点就是问题，有了问题，思维才能活跃。不断地提问，是认识事物、把握矛盾的开始，是认识问题、解决问题的前提。

善于思考，就是在学习中做到融会贯通，以获得正确的、富有新意的思想认识。因此，要结合自身学习，举一反三，触类旁通，在思考中找准“结合点”“新质点”“着力点”。要“埋头拉车”，更要“抬头看路”，在实践中学会思考、善于思考。要敢于冲破传统思维桎梏、习惯做法、陈旧观念，不盲目、不盲从、不盲动，用心干事、用脑谋事，思之深，思之远，思之细，提高知识运用能力。

古人云：“思之于人，尤器之于匠，常执使之则锐，恒锻用之则坚，千变万化出焉。”知识越学越厚重，头脑越用越灵活。人是观念的囚徒。曾有这么一个实验，大象幼年时，用一条铁链将它绑在柱子上，起初幼象还会奋力挣扎，当渐渐习惯后，幼象丧失了思考的能力，本可轻而易举挣脱链子，却没有了挣脱的想法，只会温顺服帖，永远被思维定势捆绑住。

学习是吸收，思考是消化。学习是博取，思考是精炼。学习是外形，思考是内核。讲学习、抓学习，须让思考结伴而行，方能激荡出智慧之光、生产出有益之果。

2011 年 5 月刊登于《空军报》4 版

这个校园“大V”为啥这么火

细心的朋友可能发现了，最近央视新闻联播、人民日报等诸多中央主流媒体，都在集中报道一个“80后”青年——徐川。

他“火”了，不是因为“80后”当上南京航空航天大学某学院党委副书记，而是因为他能将“枯燥的党课”讲得入耳入心、场场爆满。说实话，论理论功底，他大抵不属于最深厚那一类。但为何能一呼百应、从者如云，靠的就是我们常说的——言之以事、动之以情、晓之以理。

文史哲修养，徐川自然功力了得。尽管如此，每讲1小时思政课，他都会备课10小时，并紧密结合自己体会去讲。他不仅在课上讲，也在网上登。每一篇文章，都是一篇不像“党课”的“党课”，又胜似“党课”的“党课”。

看一次，就如同走进他的内心世界，与他一起成长。这样的党课，怎能不“叫好”又“叫座”。可反观现实中的许多思政课，理论功底深厚的教授，有几人能将党课讲得如此有滋有味、有思有得呢？

有知识的人很多，有思想的人很少。有思想的人很多，会表达的人不多。一些所谓的理论大家内心可能有些许不屑，甚至扣上一顶媚俗帽子。但面对在互联网上成长起来的青年一代，如果仍旧在自己严肃的话语体系里“打转”，端坐在学术的“神坛”傲视四方，理论的价值无形中就会“贬值”。

没有市场，产品易沦为废品；没有人听的理论，入耳却入不了心。

徐川是敏锐的，他知道年轻人在网上，也知道年轻人爱听什么。为消弭情感的代沟，他把思政课搬上了互联网，在他的微信公众号上讲述一个个亲身经历的故事，“以心换心”地回答着年轻人的一个个思想困惑。

从不迎合，又受欢迎。

既有意思，又有意义。

十分通俗，又不庸俗。

徐川党课的制胜“密码”是什么？

首先，讲的人得自己信。放弃几十万年薪当年薪几万的辅导员，从徐川老师的个人经历与深情讲述，能够看出，他是一个有情怀之人，因为自己笃信不疑，才能带动更多的人去信。眼睛是不会说谎的，谎言是会有破绽的。有些干部表态还没张嘴，群众就觉得他要说谎。做事还没开始，百姓就认定想作秀。说出来的话，自己都不信，怎么能让别人信？写出来的文，自己都没感动，怎能感动人？

其次，讲的人得讲自己。讲名人的故事，讲别人的故事，讲再多，听者也是“呵呵”。这样的故事，其实很难打动受众，因为别人的历史，往往缺少细节和共鸣，而只有自己经历的事情，才会有血有肉、有情有味。可能大家都有相同的感受，无论是自己看书，还是听人演讲，让观众眼前一亮，甚至为之一动的，不是他的引经据典，而是著述者、讲演者自己的故事，这往往也是最吸引人的“桥段”。

再次，听的人得愿意听。有人讲，“宁愿在太阳底下站岗，也不愿在空调房里听讲”，说的就是思政课面临的困境。不要怪观众不买账，要怪就怪自己“不吃香”。其实，天底下哪有最差的观众，只有最差的演员。唱不好戏，不要怪演员水准低，只能怪自己演技差。曾听一位基层干部给农村人讲“供给侧”理论，说以前是左脸疼，治错了地方，对着右脸猛治；现在找准病根了，就专治左脸。这样的比喻，连农村老大爷也愿意听。

最后，听的人得听得懂。会讲的人，把复杂的问题讲得很简单；不会讲的人，把简单的问题讲得很复杂。2007 年，在上海学习时，有一位 70 年代复旦大学毕业的哲学教授给我们讲哲学，从不纠结于社会主义、资本主义的逻辑概念，只讲他对历史和时政的分析，旁征博引、娓娓道来，下课铃一响，突然感到道理自明、其义自见。

我们太需要能讲好中国故事的人。中国不缺好故事，缺的是能讲好故事的人。讲好故事，说难也难，不仅需要动情的理性、用心的思辨，更需要有意思的表达。

2016 年 6 月 12 日刊登于中国军网官方微信公众号

让我的故事成为我们的故事

会议散场了，但好故事却留下了。

因为，每个人都在久久回味。

这是一场有“故事”的故事会。突破了常规，打破了惯例。大学“师生故事会”，6个故事，居然都没有引经据典，也没有激扬口号，有的却是自我回忆、自我反思。

好故事所蕴含的力量胜过千言万语。

教员古清月讲的藏汉情深，是她的公益之路；学员肖吉阳讲的三次抉择，是他的心路历程；姜书豪讲的胖子逆袭，是他痛的领悟……每一个故事，都有生动的具体，也有独特的魅力，还有深刻的体验，更有真诚的信仰。

讲好故事，事半功倍。

可以看到，他们没有为讲道理而讲道理，更没有为讲故事而讲故事，既不空洞说教、生硬灌输，也不追求猎奇、胡编乱造，更不庸俗媚俗、极端表达，而是把握时代脉搏，聚焦追光逐梦，把核心价值阐释好，把身边好样子讲述好，把内心独白分享好。

透过这场成功的师生故事会，最起码有这样三点有益启示。

其一，重要的不是有高度，而是要有温度。

有网友曾戏谑，中国的某些村长，讲话的高度也跟省长一样。其实，我们一些连长，讲话的高度是不是也经常跟军长一样。于是，光有站位、没有落点，空喊口号、空讲理论，你讲你的、我睡我的，以其昏昏、使人昭昭，讲者与听者始终不在同一个思想频道上。

看似很有高度，其实缺少的是力度。作为听者，最希望听到有温度的话语，触摸到滚烫的情怀。温度的背后，是信仰的深刻感、真实感、共鸣感。

有温度不等于没高度和缺深度。有温度的故事，不是光讲有高度的理论，而是用故事讲道理、明理论，可以跨越经历、阅历、身份的差异，引起思想共鸣。真实的故事最精彩，身边的故事最生动，有了温度，就能出新出彩，自然也能见人见事，更能见思想见精神，从而感染人、引导人、涵养人。

其二，重要的不是怎么讲，而是讲什么。

应该说，6个讲故事的人，没有把功夫下在制作幻灯片上，也没有把功夫下在讲述技巧上。但每一句话都直抵内心、触及灵魂，让听者如痴如醉、入脑入心。道理很简单，技巧再高超，最重要的落点还是在“讲什么”上。

这是一个内容为王的时代。内容空洞无物，即使文章写得再漂亮，也只是一个美丽空壳。或者，大家关心的事不说，大家不感兴趣的事翻来覆去说。大家议论、争论的问题不讲，大家都明白的道理讲起来没完，自然不会受欢迎，甚至产生逆反心理。

文以载道，好故事的背后是好思想，要把我们追求的“道”通过故事反映出来，启人悟“道”、引人入“道”。有了深刻的道，就有了共同的鸣，也就是寻求到情感“最大公约数”。大家为何对6个故事津津乐道，因为每个人都能找到价值的认同和曾经的自己，听着别人的故事，却流着自己的眼泪。

其三，重要的不是在讲谁，而是谁来讲。

毋庸讳言，讲抗战，参加过的人讲更有吸引力；讲救人，施救过的人讲更有信服力；讲爱情，体验过的人讲更有亲和力。所以说，我们不是要讲谁，重要的是让谁来讲。这场“师生故事会”，他们讲的事，都是自己亲身经历；引用的人，也是自己认识熟知的。言教不如身教。6名讲述者，他们在单位有威望、有魅力，站上台了，行胜于言。如果光说漂亮话，不干漂亮事。即便能动人，也难真感人。

谁来讲，关键是学会讲好自己的故事。而讲好自己的故事，首先要成为一个有故事的人。要把故事讲得有意思，先要成为一个有意思的人。有意思的人，首先要有人格魅力。

讲好故事，人人有责。无论身处何地、身在何时，我们都应主动讲好自己的故事，以言行或信念。那么，我的故事，终究会成为我们的故事。

2016年7月8日刊登于《空军报》3版头条

“带得走”更要“留得住”

栀子花儿开，青春难再来。

又是一年毕业季，这几天，陆陆续续，风风火火，浩浩荡荡，大学生毕业即将奔赴岗位。

每逢此时，都有很多话想说。

今天想说的是，走出大学的校门，踏入岗位的大门，未来的我们，究竟应该始终保留着什么？

不可否认，把世故圆滑当成熟稳重，把工于心计当洞察世事，把溜须拍马当情商出众，把浑浑噩噩当看透人生。这样的趋众，很容易在工作中沾染，大学生走上工作岗位那一刻，也可能难以免俗。

这些年，由于一直在高校工作，因同学返校培训，经常接触到曾经的大学同学。他们有的去了机关任职，有的走向主官岗位，有的成为专业大拿，但多少都有一个共同特点：消磨了当年入校时的朝气，多了很多思想的暮气，褪去了理想的锐气，多了很多言语的泄气。有的看不到希望，有的热血不再滚烫，容易相信潜规则，缺乏奋斗原动力。

所看所听，既心痛，又怀旧。想想当年一起考上大学和一道毕业分配时的豪言壮语和纯真话语，本心的纯粹和初心的坚守逐渐消逝。能考上军校，都是闯过高考“独木桥”的精英学子，有的超过重点线近百分，有的甚至可以选择清华北大。起点如此之高，毕业后，不一定要立志当大官，但应努力干大事，最起码不能毕业几年就淡却理想、淡忘志向。

军校四年，受益一生。打牢的是能力的底子和精神的底色，新干部们带着崇高的信仰、强军的理想、建功的激情、过硬的素质奔赴大江南北。母校希望学员今天能带走，但更希望他们明天能留住。从大学走出去，真正滋养你成就你的，就是你从军校带走并始终留住的。

我们保得住知识，也要保持住姿势。信息社会，知识是有折旧率的，必须在不断学习更迭中才能不被淘汰。在大学所学的知识需要保住殊为不易，但仰望星空的姿势要保持住更是难上加难。有同学说，工作压力大，干得没劲；有同学说，职务晋升难，干得心痛；有同学说，两地分居苦，干得苦闷。理想自我与现实自我的差距，永远都会存在，它可以成为心灵痛苦的理由，但不应该成为人生失色的借口。心理学家阿德勒说，人不是被困于过去，而是被自己对过去的解释所困。每个人都最起码掌握了对自己人生的定义权。

在时代的洪流找准人生的坐标、把握前行方向，我们不仅要做自己人生的“工匠”，也要做自己人生的“舵手”。其实，哪里都不缺圆滑老到、曲意逢迎的人，稀缺的是仰头看天、仰望星空的人。理想和信仰，不应成为常常挂在嘴边，却在生活中越来越生疏的品质。

我们接得了地气，也要忘不了意气。接地气，不是让自己变俗气。保意气，也不是让自己变傲气。刚毕业的大学生最可爱，曾经青涩懵懂，曾经单纯真诚，曾经挥斥方遒。如今，却常把机关里“耍官气”、饭桌上“拼酒气”、小圈子里“搞和气”，错误当作“接地气”的表现。

当自觉不自觉地与一些污浊合流、一些世俗合拍，其实已淡忘初心本色，书生意气更是无从谈起。你可以有一百次的谨小慎微，但面对与信仰相悖、与道德相左的现象时，试想，你是否能有一次的拍案而起。

我们吃得了苦头，也要抗得住甜头。说大学生吃不了苦，一般指他们刚工作时，其实经过几年适应，大多很能吃苦，也都挺“拼”。在基层的，常年回不了家；在机关的，常年早出晚归。“苦头”大家都能吃，但最担忧的，莫过于走上领导岗位或其他重要位置，有了一定权力，能否不染不正之风，不干违纪之事。

有所作为很难，有所不为更难。只有懂得有所不为，才能保持本色，不致滑向罪恶深渊。党的十八大以来，多少曾经所谓的“成功人”“聪明人”“明白人”锒铛入狱，他们未曾不是纯真纯粹的大学生，也都有过向上向善的心。但时间不仅改变他们的模样，改变他们的平台，也改变他们的初心，直至改变他们的人生。

2016 年 7 月 18 日刊登于中国军网官方微信公众号头条

以正确世界观迈好“第一步”

人生紧要处，就那么几步。对于军校学员而言，毕业分配则是军旅生涯关键“第一步”，这既是收获荣光的时节，也是开启梦想的季节。

是去大城市，还是去边海防？

是离家近，还是距家远？

对于军校学员来说，似乎是一个“两难”的选择。

但人最迷茫的时候，也是最有希望的时候，因为当你走在人生的交叉路口，只要方向对了，就很容易踏上成功之路。

法国作家罗曼·罗兰说：“人生不发返程票，一旦出发了就绝不能返回。”是的，起点歪了，方向偏了，第一粒扣子错了，只会在错误的道路上渐行渐远。

去年，学员毕业分配由原来的组织分配，调整为依据学员课程成绩加综合表现成绩，按排名选择分配单位。学员毕业分配政策的重大调整，排除了不正之风的干扰，编紧扎牢了约束权力的“笼子”，树起“靠成绩进步、凭素质立身”的鲜明导向。

可以说，历史从来没有像今天这样，把命运交给学员自己来掌握。但既确保新的毕业分配政策阳光公正，又能让学习成绩优异、排名靠前的学员自愿到边远艰苦地区建功立业，这考问着思想政治工作的实际成效，也考验着年轻人的觉悟担当。

党叫干啥就干啥，打起背包就出发。令人欣慰的是，许多有优先选择权的学员，优先选择边疆，选择到祖国最艰苦的地方建功立业，没有人把优先选择看作是“排队选房”式的自由选择。

大道理能管住小私心，大情怀也照样驾驭小利益。其实，只要把大道理讲出“人情味”，变生硬说教为平等交流，对他们高看一眼，以心换心，以心交心，看清凭素质立身是大趋势，看到干部政策向基层倾斜是大走向，看见风清气正的政治生态是大背景，每一句话都能直抵心扉，他们会自觉以正确世界观规划成长路线和发展路径。

有变，就有不变。不管分配政策如何调整，党员的使命担当不能变。不管分配指标如何设置，革命战友情谊不应变。不管分配到哪里，实干才能进步的导向不会变。纵观世界各主要强国，多把一线任职经历作为提拔晋升的首要条件，以西点军校为代表的美军院校，甚至出现毕业学员一心想去危险地带打仗的“西点好战”现象。缺了基层这门“必修课”，人生之路势必无法走得长远顺畅。

打好基础，才能建起高楼；把好方向，人生才不迷航。从少年周恩来的“为中华之崛起而读书”，到青年毛泽东的“问苍茫大地，谁主沉浮”，不得不说，伟人之所以是伟人，伟人之所以成就伟业，根本在于他们年轻时就确立远大理想和崇高追求，从而激荡起伟大的人生洪流。

世界观的确立，影响的是人生观和价值观的建立。缺乏正确世界观，就容易盲目跟风，就容易盲从趋众，从而被错误观点所裹挟，被谬误导向所绑架。就像藏在远行人鞋里的一粒沙砾，看似无关紧要，但走得越远，越影响你前行的脚步。

为什么同样的学历、同样的起点，人生的轨迹却截然不同，甚至大相径庭。有的人，分到繁华城市却碌碌无为；有的人，分到基层一线却高歌猛进；有的人，沦为党和人民的罪人；有的人，当好党和人民的公仆。根子在于世界观价值观的坚守，失去坚守，就忘了本来，褪了本色，变了本质。

困于“小我”，何来成功“大我”。总是恋家，何谈报效国家。失去理想，何有青春梦想。置身新时代，建功立业的舞台空前广阔，梦想成真的前景空前光明，把人生理想融入国家和民族的事业中，光明前程必定在前方招手。

2016 年 7 月 25 日刊登于《空军报》3 版头条

善用新媒体抢占新阵地

有人称网络为“第四媒体”。因其具有信息量大、传播速度快、覆盖范围广，及时性、综合性、开放性、虚拟性和隐匿性等特点，深受年轻人喜爱。

明者因时而变，智者随事而制。年轻人越亲近网络、依赖网络，思想政治工作想吸引青年、留住青年，必须善用新媒体抢占新阵地，创新创造出更多青年喜闻乐见的好故事、好素材、好课堂。

自媒体的出现，无疑成为创新思想政治工作的一个契机。大学官方微信“印象空工大”积极发掘新资源、抢占新阵地，探索网络思想政治教育新路子。将公信力、正能量、主旋律进行有机融合，抓住大学生兴奋点、关注点、共鸣点，让有意义的东西变得有意思，大学公众号成为思想政治教育“播火者”。

共振源自共鸣。“印象空工大”刷爆朋友圈的原因，在于善于发挥学生主体作用，让学生自己办、自己写、自己创。数据显示，该公众号阅读量 1 万以上图文，均为原创。正是学生们用细腻的青春触角、真实的大学体验、生动的网络语言，影印出一张张鲜活感人的画面，编织出大学人追梦逐梦的故事，创作出一篇篇有思想、有温度、有共鸣的网文。

网络思想政治教育的创新，靠前卫的思想理念引领，靠过硬的本领素质支撑。我们既要认真研究新媒体传播规律，利用网络信息传递快的优势，用好声、光、色、画等多种现代手段，通过信息的发布、传递、筛选、过滤、整合，化抽象为具体、化枯燥为乐趣，也要研究青年官兵心理特点，坚持问题导向，善于包装、借鉴、创新，把握求新求异、情感共鸣、精神依赖等心理需求，将教育的思想性、政治性、艺术性巧妙融入新媒体，精准滴灌，有的放矢，让官兵在潜移默化、润物无声中受熏陶。

要坚持精准定位。找不准定位，就找不到受众，这是办好自媒体的核心和关键。“印象空工大”准确定位高校特色，以服务大学生为主体，坚持政治性和传播性并重、思想性与娱乐性兼顾，唱响了大学好声音。

要坚持内容为王。没有好的内容，就吸引不了受众。大学官方微信平台不是单纯的政治教育“传声筒”“复读机”，而是要“二次加工”“二次创作”，构思能够引起学生共鸣的话题，让政治教育更接地气，让理论学习易于接受。

坚持主角主唱。高校党委机关仅当好“把关人”即可，推什么、怎么推完全由学生自主决定。学生有了话语权就有了原动力，推出的产品自然具有充沛激情、青春视角、细腻情感。

坚持精良制作。不以数量取胜，而以质量取信，从排版、字体、底色、标题等细微处入手，用心用力打造美轮美奂的页面，以工匠精神点亮属于自己的舞台。

这样的思想政治工作创新，我们期待更多的，也期待更好的。

2016 年 5 月 26 日刊登于《空军报》4 版

“黄金期”须施“黄金策”

每逢金色季节，就会有一批批刚刚闯过高考“独木桥”的学子，满怀着对人生的憧憬、对未来的希冀，走进大学校门，在高校“象牙塔”里完成他们人生最关键的“求索期”“成长期”“淬火期”。

《大学》有言：“大学之道，在明明德，在亲民，在止于至善。”古代大学与当今大学虽不是一个概念，但我们追求知识积累、文化提高与修为完美，是亘古不变的。在大学里，如果不能化知识为思想、化思想为智慧、化智慧为德行，培养注定是失败的。

反观当下，虽然从主流上看，青年大学生积极向上、健康阳光、思维活跃、个性独立，但重物质轻精神、重个人轻集体、重享受轻奉献、重自由轻纪律，政治理论盲化、理想信念淡化、集体意识虚化、吃苦精神弱化等问题，不同程度客观存在。

尤其是近些年，复旦大学高才生林森浩投毒、云南大学马加爵杀害室友、西安音乐学院药家鑫交通肇事杀人等事件，一次次刺痛社会道德神经，让我们不得不反思青年大学生在人格、情感、心理上存在的诸多缺失。

这些现实问题，成因十分复杂。各种思潮交流交融交锋的今天，青年一代价值观念更加多元多样多变，成长在优越环境中，只知生活之甜、不知幸福之源，对党和国家的奋斗历程缺乏真切体验，对中华优秀传统美德缺少知行内化。

一代人有一代人的特点，他们在思想道德和价值观念上，呈现出的许多特征，是上一代人所没有的。他们堪称网络“原住民”，几乎无人不网、无日不网、无处不网，许多问题也是因网而生、因网而增。轻点鼠标，看到的往往是不一样的世界，“红色地带”少，“灰色地带”多、“黑色地带”坏。

站在现实的“大风口”，面对“八面来风”的大环境，面对“四处漏风”的大考验，要提高思想道德的终生“免疫力”，难而紧迫。

青年，从来都与一切最美好的事物相连，从来都是国家未来和希望所在。所以，一个有远见的民族，总是把关注的目光投向青年；一个有远见的政党，总是把培养造就一代新人置于战略位置；一个有远见的高校，总是把培养什么样的人、怎样培养人作为根本考量。

赢得青年，才能赢得未来。

如果任其自由发展、任其野蛮生长，我们不仅培养不出接班人，甚至可能培养“掘墓人”。所以，培养什么人、怎样培养人，这个问题，不仅是家长们需要去回答的现实课题，也是所有高校要去实践的时代命题。

大学时代，是大学生走向成人和独立的“断乳期”“发育期”，当然也是他们世界观人生观价值观形成的“可塑期”。正因是“可塑期”，决定了也是思想道德培育的“黄金期”。这好比小麦的灌浆期，这个时候阳光水分跟不上，就会耽误一季的庄稼。

“年轻人永远是对的，因为他们身上有未来的味道。”关注青年、关心青年，不能停留在口号上、停摆在文件中，而是真正站在年轻人的角度看问题，针对其思想和行为特点，在思想道德培育工作中，注重从顶层上设计、从格局上延扩、从机制上完善、从方法上创新。

但是，作为模糊的目标、软化的指标，思想道德培育抓得好不好，的确不易评判。似乎发生了问题，才能看出来抓得不好。思想道德培育工作，常常就沦为了“消防队”，有火则灭，无火休息，干的都是亡羊补牢之事。

所以，说起来重要、做起来次要、忙起来不要，是许多人对高校思想道德培育的普遍认知。1989年，邓小平同志曾说：“我们最大的失误是在教育方面，思想政治工作薄弱了。”

我们常讲，要坚持问题导向，内心排斥教育比逃避教育更可怕。一场与观众无法取得心灵共鸣的演出，注定是一场失败的表演。真理一定能说服人、真情一定能感染人、真实也一定能打动人，关键是教育青年的教育者，有没有真正掌握真理的“武器”？有没有真正发自内心的真情？有没有根植实践的真实？

没有准星，必定瞄不准“靶心”。就像是闭着眼睛捉麻雀，又像是手榴弹炸跳蚤，始终挠不到痒处、戳不到痛处。心中有“代沟”，难以跨越时代“鸿沟”，不真不诚不能动人，不实不新难以化人。我们常常听不到年轻人内心声音，是因为只喜欢听“好声音”，听不进“逆耳言”；只喜欢听“表扬声”，听不得“吐槽声”；只喜欢听“当面声”，听不清“网上声”，怎能一棵树摇动另一棵树，一朵云推动另一朵云。

长期以来，硬办法不敢用、软办法不管用、新方法不会用，是许多人对青年思想道德培育的困惑。但因困难方显价值。毛泽东同志曾说：“不解决桥和船的问题，过河就是一句空话。”在人的脑子里铸牢思想大厦，无疑是一项最复杂的工程。不可能一蹴而就，也不可能立竿见影，必须有“一张蓝图干到底”的恒心毅力，更要有“功成不必在我”的情怀境界。

心态对了，世界就对了。每一代人的成长都会遇到各种质疑和抱怨，我们要做的，就是在他们的“黄金期”，施好“黄金策”。我们要给的，就是让他们的大学四年，受益一生。

2017年3月刊登于《雷锋》杂志“长江锋论”专栏

重写“心灵的选择”

再次找到16年前的高考作文题，我不禁心头蓦然一动，仿佛刹那间穿越时空隧道，又看到2002年在江西一个小县城的闷热教室里，那个汗流浃背的我，正苦思冥想、奋笔疾书。

重温高考，重获此题，重写作文，16年后的我，人生有了更多的感悟，心灵有了更多的沉潜，不再是无病呻吟的小情怀，抑或是追求浮华的唱高调，而是真情的流露和阅历的表达。

什么是“心灵的选择”？一直特别喜欢一句话，聪明是一种本性，善良是一种选择。心灵的选择既有本性因素，也有善良决断，它拷问你的良知和底线，也蕴含你的阅历和沧桑。

北大教授钱理群曾说，我们培养出了许多精致利己主义者。破山中贼易，破心中贼难。的确，人心精微比是非黑白更难把握。人在大多数时候做出的选择，都是在力求个人利益最大化情况下精算出来的，但这些看似精明的心理与行为，恰恰与理性和智慧背道而驰。

“大丈夫处事，论是非不论祸福。”那位遇上暴风雪的登山者，利用残余的体力，救活落难者，并相依相助走出暴风雪。其实，最终成功让他走出暴风雪的，不是他计算体力的精确，也不是他对前路距离的判断，而是他那一颗无问西东、无求私利的“金子般”的心。

看得明白，舍得吃亏，才能赢得未来。就像罗曼·罗兰所说，真正的英雄是那些看清了生活的真相却依然热爱生活的人。

光盯着树皮虫子的鸟飞不到白云之上，光知道踮脚争利的人跑不到别人前头。长期在高校机关工作，业余时间偶尔会让学生来帮个忙，有些学生干得很情愿、愿吃苦，毕业后发现他们很快崭露头角。而也有的学生不愿吃一点亏，出工不出力，似乎总在思考干完之后马上能得到什么，得到的是内心否定，失去的是大道致远。

每个人任何一种行为的背后，都藏着他心灵的选择。有人让人感到春日清风、冬日暖阳，就有人让人觉得厚黑老到、世故圆滑，但日久终能看清高低。一位机关老处长曾分享感悟："能够走到大机关，人和人的能力素质不会差太远，最终决定你能走多远的，并不是你的能力，而是你的人品。"

人品是什么，是个人的觉悟。人天生趋利避害，但通过不断思想锤炼和内在修为，我们内心便会有了一些"定海神针"。社会学有一个说法，叫"横山法则"，意谓最有效且持续性的约束，并非外在的强制力量，而是内心的自我控制。内心有觉悟，心灵方能辨是非。

当你觉得你聪明的时候，此时你最糊涂。人生是一场心灵的修行，生而在世，为人处世，不要让自己的心灵蒙尘，更不要让自己的心灵负重，因为纯净的心才是最美的，纯净的选择才最能经得起历史检验。

2018 年 6 月 8 日刊登于中国军网官方微信公众号头条

勇于面对“无知区”，敢于挑战“无人区”

有一件事值得“玩味”，同时也算炸开了“锅”。

渭水河畔，嵯峨山下，大学举办的无人机挑战赛实时规划、自主规避、创意设计等共决出 6 个一等奖、12 个二等奖、17 项三等奖。几家欢喜几家愁，无人机“迷宫”、2V2 空战两个项目却因多人弃赛，未决出冠亚季军。

弃赛的某大学“海渊”战队杨森说：“风速过大导致个别比赛环境恶劣，让高难度科目难上加难，的确有点力不从心。”因科技含金量太“足”、比赛门槛设置太“高”，许多学生望而却步。当然，杨森也坦言，正因难，才找到了木桶的“短板”，明年备战也才有了方向。

诚然，他们都是中国高校的优秀学子，也都是象牙塔里佼佼者，看似是弃赛，或者说是失败，但这何尝又不是一种成功。这是一种勇于认识自我的清醒，也是一种勇攀科技高峰的笃定。

在求知的征途上，不仅有灿烂星辰和浩瀚大海，还有时常令人望而却步的荒漠“无知区”，抑或是一不小心摸进的黑夜“无人区”。此时，正确认识自己是勇于超越自己的基石，就像在古希腊一座神庙的门楣上刻着的那句话：“人啊！认识你自己！”这也正是哲学家苏格拉底追求的人生法则。

既要做到宁缺毋滥，更要学会宁高毋低。国家自然科学奖一等奖 17 年曾九度空缺，正是这种“贵族化”的标准和门槛，推动着中国科技不断填补新的空白。

科技领域的“争锋”，谁都不敢说自己就是“完人”，谁也不可能面面俱到，甚至不敢说自己的“长板”就已进入“无人区”。正因如此，我们才不能搞皆大欢喜的比赛，更不能搞“轻轻一跳就能摘到桃子”的角逐，那样降低的是赛事水准，蒙蔽的是赛手视野。

犹太人不喜欢问回家的孩子今天学了什么，他们常问的是：“今天你提了什么问题？”这是一种探索未知的可贵精神。时代洪流滚滚向前，当我们从“无知区”辛勤迈出之时，拍拍身上征尘，再次小心翼翼进入“无人区”时，每一位学子都应发出这样的时代叩问：我们知识储备够不够？我们科技素养高不高？我们制胜能力强不强？

空海一体战、信息争夺战、网络中心战、星球大战……未来的战争是什么样的？版本也许有无数个，每个人心中也会有不同答案。但无论哪种样式，都绕不开一个核心问题——谁要赢得先机，谁就必须从“无知区”抢滩登陆至“无人区”。

制胜未来理应如此，玩的是科技的“最强大脑”，比的是无人区的“谁与争锋”。真心期望，这不仅是一次竞技赛，也是一次冲锋号，更是一份宣言书。奋进新时代，始终保持“本领恐慌”，时刻充满“知识饥渴”，不断翻越“自身盲点”的“无人区”，去从容笑傲沙场，智胜未来战场！

2019 年 1 月 15 日刊登于《解放军报》

多一些从创意到创造的“梦工厂”

在全球创新的浪潮中，那些充满创意的新兴科技企业成了年轻人的“梦工厂”，正不断创造新的商业奇迹。似乎很难仅用一个秘诀概括他们的成功之处，但诸如拒绝平庸、宽容失败等等这些特质，应该可称为他们的文化核心。

年轻人富有想法，但让思维火花结出成果，还需要漫长过程和艰辛努力。千里马常有，伯乐不常有。有人说，有时机制不灵活，导致孕育人才的土壤并不肥沃；有时光有“头脑风暴”，没有切实可行的点子；有时胸怀满腔热情，但找不到舞台“唱戏”；有时创意未能引起重视，最终昙花一现。缺少关注和平台，创意的光芒将无法照进现实。

在空工大的菁菁校园里，4 名“95 后”学员，怀揣着创新梦想，在中国各类顶级机器人大赛的科技舞台上所向披靡，如“收割机”一般收获着荣誉。旁人不禁要问：为什么是他们，他们为什么能？这座大学“梦工厂”似乎能给出答案。

“工厂”不需要大，哪怕只是一张不足 4 平方米的桌面，就足够自成一方放飞思维的天地，成为向科技巅峰爬行的通幽小径。

有人称这里是学员的“硅谷”。在这里，他们不怕失败、追逐梦想、敢想敢干，为有本事的青年学员作出生动证明。

多一些让创意落地的军校“梦工厂”，不仅需要资金、平台和空间的“硬支持”，更需要呵护创新、允许试错的“软激励”，这样才算扶上马再送一程，才能让他们从容上阵、锐意创新。

院校搭台，学员唱戏。希望更多的人一起来思考：如何积极为学员创新“站台”，让大学生的创新空间不再仅是想象的空间、思维的空间，也是有形的空间、圆梦的空间。

年轻人有着无穷想象力，互联网更是带来无远弗届的知识边界，多给他们一个“生态圈”，多提供一个“孵化器”，有创新冲动的人就有了创造的舞台，点燃的是星星之火，释放的是逐梦强国大能量。

2019 年 5 月 28 日刊登于《解放军报》10 版

唯有彻底才能说服

一次触动心灵的授课，常常让人受益终身。

近日，亲耳听到一位新入职文职人员激动地说："第一次在思想政治理论课上，有人从大历史观和逻辑论证上帮我厘清'为什么是共产党'等一系列重大问题，让我心悦诚服、信仰愈坚。"施教者我十分熟悉，因为有着深厚的理论功底，才能把信仰的种子播进新人的心田。

马克思在《黑格尔法哲学批判》一书中深刻指出："理论只要能说服人，就能掌握群众；而理论只要彻底，就能说服人。所谓彻底，就是抓住事物的本质。"自己的话语经不起群众质疑，所举的事例经不住历史拷问，这样的理论注定没有感染力说服力。

强大的说服力来自对理论的深刻洞察和理解，如果自己只有"半桶水"，怎能让理论魅力熠熠发光。延安时期，毛主席对一位走进马列学院学习的同志讲，马列主义的书要经常读。对待真理就要有这样的态度，将"大部头"的马列书籍常伴常读、常悟常新，让理论内化为自己的语言和思维，从而焕发出强大说服力。

作为一位时代精神的凝炼者、传播者，哲学家艾思奇《大众哲学》一书，曾是马克思主义大众化的经典之作。其书将中国革命运动和深奥的哲学紧密结合起来，用生活事实打破哲学神秘感，让马克思主义高深道理变为人民群众"精神武器"。靠的是什么？靠的是精准的理论辨析和生动的事实辩证。

有理走遍天下，无理寸步难行。有的教育者，一碰到关键问题说不清、讲不透、阐不明，让官兵“云里雾里”。有的干脆绕着走、躲着讲，搞你不问我就不说的“鸵鸟”政策。有的一味讨好受众，走迎合媚俗的路子，“戏说风”“娱乐化”大行其道，把讲理论变成了“说相声”。真理是有魅力的，关键看谁来讲，关键是把大道理讲得深入浅出，关键是以彻底的理论说服人。

彻底的理论最动人，理论的魅力就在于彻底。用彻底的理论说服人，须多用“群众语言”，把深奥的哲理翻译成群众听得懂的话。语言接地气，道理易听懂，群众才乐于了解它、自觉接受它。须多用“群众视角”，不能在理论的世界里自我陶醉，自说自话演“独角戏”，要多从普通群众的角度去看待解读理论。须饱含“群众情怀”，让理论始终充满信仰的“崇高味”，饱含针砭现实的“火药味”，成为破解困惑的“金钥匙”，推动入脑入情入心。

时代是思想之母，实践是理论之源。好的理论从来不是空洞的，它一定既有高度，又充满锐度，也饱含温度。只有把理论讲明讲透讲活，讲出强劲深刻的逻辑力量、内蕴深沉的价值取向、坚实深厚的实践基础、博大深邃的智慧文化，才能让理论真正彰显征服力。

2019 年 5 月 10 日刊登于《空军报》2 版

因为亲历，所以懂得

翻越唐古拉山时，透过军列车窗玻璃，高原的壮美一览无遗。

此时，大家情不自禁地向窗外远眺，憧憬着即将到来的驻训生活。

此时，大学的15名学员正承受身心“冰火两重天”，一边是内心的激动，一边是身体的不适。

登车之前，学员姜棣榕一度认为此次驻训更多的是去体验生活、感受不一样的青春，甚至还在为毕业前能领略一次高原美景而窃喜。

但7天7夜进藏旅途，雪域高原的实战淬火，震撼他的不仅是群山高耸的西部美景、广袤无垠的雪域风光，更多的是那一股激荡在雪山之巅的特有“精气神”。站在人生十字路口，他对毕业选择又多了一个答案：到祖国最艰苦的地方去建功立业。

泰戈尔曾说，因为经历，所以懂得。

一次亲历，抵得上100次教育，让青年学员到最艰苦的地方去感受风雨，在风暴的漩涡中去体悟人生，必定会让他们懂得更多、成熟更快。亲历过后，他们才真正懂得高原同志的奋斗豪情，才切身体悟到艰苦地区的前景广阔。

无疑，这次亲历，是他们毕业前最生动的教育。

青春因选择而多彩。不可忽视的是，那些浩浩荡荡奔赴祖国边疆和艰苦地区的学员，有些是带着一腔激情去的，有些是带着复杂心绪做出的决定，这可能会导致少部分人因对艰苦地区认识不足而怨天尤人，也有人会因为没有得到想象中轰轰烈烈的生活而失落。

“少年经不得顺境，中年经不得闲境，晚年经不得逆境。”晚清名臣曾国藩这句话，从某种程度上道出人在十字路口时应有的态度。

少年心事当拿云，在青年时期远离浮华、投身艰苦，无疑是一种更富进取精神的选择。但作出这样的选择，并非一件易事。创造一个机会，让年轻人在经历中目光更高远、步履更从容，就显得尤为重要。

某种角度讲，毕业选择才是大学四年真正的“成人礼”。

每个人都渴望颜色不一样的烟火，但青春只有一次，敢于向梦想看齐，才能迈出通往胸中日月的第一步。南风轻送，骊歌响起，当年轻的你背上远走的“行囊”，里面装满的是亲历艰苦的记忆和大展宏图的梦想，那是何其壮哉！

有一种遇见，一眼凝眸，便是永恒。

有一种选择，经历过后，更加坚定。

在毕业季播种新希望，我们期待，你的起点站是母校，下一站是梦想。

2019 年 6 月 18 日刊登于《解放军报》

让教育拥有直抵人心的力量

仿佛就在世外桃源，鲜花灼灼，山林森森，流水潺潺……四川女孩李子柒身着中国传统服饰，汲山间之泉水，采时令之果蔬，烹传统之美食，浓浓的烟火味和田园风让李子柒从国内火到国外，创造了当下对外文化传播的奇迹，俘虏了无数网民的心。

似乎就在无意之中，李子柒用一种创新方式、温情形式讲好了中国故事，润物无声地引导人走向真善美。

看似无意，其实有心，李子柒走红网络，给我们思想政治教育许多现实启示和借鉴：教育要搞好，思想先要求真，内容还要求实，形式更要求新，才能让教育有力有效、走深走实。

思想求真，才能有魂。

教育是塑魂、凝心、育人的工作，而朴实的真理，才具永恒魅力。就像李子柒用拥抱回归自然的生活方式，讲述最朴素价值观。正如冯友兰所说："人类所有之真、善、美，历史多与以相当的地位。其未得相当的地位者，则多其不真真、不真善、不真美者也。"让人感受到爱情之伟大的经典电影《泰坦尼克号》，让人感受到敬业之伟岸的纪实故事《中国机长》，让人感受到信仰之伟力的文学作品《红岩》，等等。讲出了魅力，让人品味到信仰之甘，看到理论之光。

内容求实，才能有效。

细究李子柒视频火爆原因，一个重要原因就是她的视频紧紧抓住当下社会渴望田园生活、盼望回归自然的"渴求点"。思想教育只有把科学理论与社会现实、人员现实、思想现实紧密结合，才能把教育魅力转化为说服力感染力。善于把握思想脉搏，就是要捕捉那些普遍性、倾向性问题，及时回应关切，廓清思想迷雾，防止“空对空”“两张皮”，让教育变为心灵荒漠时的“一场雨”，鼓足工作干劲的“一把火”。

形式求新，才能有味。

再好的教育内容，如果干巴巴进行灌输，效果势必大打折扣。再好的教育形式，看得多了也会视觉疲劳，必须不断添加新元素新形式，让受教育者时刻保持新鲜感。随着时代发展、使命任务、育人环境、教育对象的变化，“一招鲜吃遍天”是不行的。“活”起来才能“火”起来，把老故事讲出新风采，把旧道理讲出新滋味，头脑里才能搞有效的建设。李子柒视频看似云淡风轻，实则苦心经营，一个 5 分钟成片，累计拍摄素材却达 2000 条，每一个片子都是别出心裁、匠心独运。

智者顺势而谋，愚者逆时而动。让思想教育拥有直抵人心的力量，须摸清内在规律。毛泽东曾指出：“不论做什么事，不懂得那件事的情形，它的性质，它和它以外的事情的关联，就不知道那件事的规律，就不知道如何去做，就不能做好那件事。”既坚持守正，更注重创新，直抵人心的力量便会源源不断、持续涌流。

2020 年 1 月 10 日刊登于《空军报》3 版

工作“实痕”胜过笔迹“留痕”

过去到基层检查思想政治教育，经常看到有的单位教育计划满满当当、个人笔记丝毫不差，但仔细研究教育者教案，发现基本没什么新意，大多是走形不走心、走势不走实。不可否认，从“查笔迹”中检查工作实效，不失为一种“好办法”，既便于管理，也便于倒查。但如果为图方便而只检查笔迹，为应付检查而工于笔迹，把手段当目的，“重痕”不“重绩”，“留迹”不“留心”，检查督导看痕、自我表功晒痕、弄虚作假造痕，等等。“痕迹主义”做法，牵扯各级精力，增加工作成本，助长形式主义歪风。

的确，有的人信奉“干得好”不如“说得好”，干得漂亮不如“留迹美观”，意图靠“笔迹留痕”博取好印象，以注水材料汇报政绩，用故弄玄虚代替真抓实干，靠糊弄上级赢得暂时认可。他们当的是语言巨人，实际上是行动矮子。

干好工作，既要对上级负责，又要对下级担责，一味追逐“笔迹留痕”的工作行为，实际上是只对上级负责，缺乏对下级担当。不怕群众不满意，就怕领导不注意，眼睛向上看得多，必然向下看得少。

痕迹与痕迹主义，实际只有一步之遥。该在本子上“留痕”理应“留痕”，该在工作上“有痕”的则必须“有痕”。不同出发点，决定不同工作方法，必定导致不一样工作结果。工作是花里胡哨，还是科学务实？是只求上面满意，还是得到下面认可？是干过就行，还是干好才罢？是装点门面，还是解决实际问题？群众的眼睛是雪亮的，不做华而不实、劳而无功之事，多干务实有益、基层满意之事，群众才能得到实惠和幸福，更能品出一名干部的胸襟与情怀。

南宋理宗年间，严象祖上任吉州判官，面临的首要难题便是盗寇猖獗，有人提出采取“清野”之策，显得轰轰烈烈，而且短期有效。严象祖弃而不用，他坚定认为：“寇未逼城，先使万家之民破屋庐毁生，理不可。”严象祖不愿采取坚壁清野的政策，是不想为了出一时“痕绩”，而产生危害百姓的后果。后来，严象祖通过“严保伍、结士兵、联厢禁”这样强基础、壮实力的举措，不求形式留痕，而是让实绩“有痕”，最终平稳消除寇乱。

空谈误国，实干兴邦。“痕迹主义”最大的“天敌”，是务实作风和实干精神。留下笔迹，不如留下足迹，立说立行、立抓立改，拿出具体有效行动，才能祛除“表面好看实际无效”的虚火，拧干“表有成绩实无业绩”的水分。坚持“实”字当头，以群众满意度获得感来检验工作“痕迹”，方能真正立起尚实干、求实效、重实绩的鲜明导向。

2022 年 12 月刊登于《解放军报》

师魂“燃灯者”

能以一名政治机关干部的身份讲述师魂的故事，感到非常荣幸。从发现关注倪世宏教授这个典型，到向北京上报宣传请示；从深入挖掘先进事迹，到启动集中宣传；从在社会形成良好反响，到起草大学党委开展向倪世宏同志学习决定，我既是一名实践参与者，也是一名精神受益者。特别是，我带领有关同志一道，在大学深研价值意义、到成都深追成长脉络、赴惠州深挖典型事迹，半个月时间里，我们辗转4000多公里，一路奔波，一路挖掘；一路追寻，一路升华；一路沉思，一路感动。我们是在宣传教授，也是在宣传大学；我们是在激励别人，也是在感动自己。

因为工作原因，我经常走近大学的教授们，倾听他们的声音，了解他们的内心，宣扬他们的事迹，但倪教授却给了我许多新的感动、新的思索。

说实话，宣传教授之前，我还曾有过两个疑问，一是难道因为教授离开了我们要歌功颂德吗？二是教授是不是真的那么有觉悟有情怀？请原谅作为一名长期从事政治工作的人，也会带着批判和怀疑的眼光去看待工作，请原谅作为一名埋头宣传工作的人，也会带着挑剔和较真的精神去看待典型，带着种种疑问，我走近了倪教授。

可能大家还不知道，甚至不能理解，报告团4个人中，我是唯一一个没有见过教授、唯一一个与他不相识的人。可我却又感觉对他如此熟悉，司空见惯就会习以为常，平凡英雄更易被人遗忘，正因如此，我才能更客观更清醒地去寻找平凡中的不凡。

引起我兴趣的第一件事，是新冠肺炎疫情期间，此时距离倪教授去世不到一个月时间，躺在医院的他不知从哪听说要为抗疫捐款，他非常着急，生怕别人把他这个“病人”给忘了。他多方打听、四处询问，究竟什么时候捐款，并在第一时间托人将捐款交给教研室，还专门叮嘱：以后类似的活动，千万别忘了他这个老党员。那一刻，我明白了，这是一名真正将党性刻在心里的好教员好党员。

深入挖掘的同时，我打电话给人民日报社倪光辉主任，太多的事迹没有我详细描述，许多感人细节我详细告知，倪主任听后十分激动，说赶紧把稿子传过来，先发内参。十分遗憾，八一前夕，抗洪抗疫，典型太多，倪教授事迹没有及时刊发。其实，也不遗憾，我们不是为了宣传而宣传，更重要的是为了学习这种精神，为了用这种精神推动我们的强校事业。带着这种使命，我又激情满满地继续追寻倪教授的足迹。

当部队官兵告诉我，因为哮喘，倪教授下部队经常带着笨重的呼吸机，无论是缺氧的雪域高原，还是让他身体过敏的大漠戈壁，他都义无反顾地去服务。这就是我们的倪教授，面对部队，不顾性命；投入工作，不辱使命。那一刻，我似乎看到呼吸困难却又打起精神的倪教授，面对部队面对官兵展现出的那一股军人坚强。

当学院机关干部告诉我，无论是患病之前，还是养病之时，连续 3 年学院摸底调级时提出给倪教授晋升 3 级，他每次都婉拒好意。论资历论业绩，都该轮到倪教授了，况且晋升技术 3 级，几乎是所有教员的渴望。那一刻，我似乎看到腼腆内向的倪教授，在面对荣誉面对名利展现出的那一点无私无我。

当晁爱农教授告诉我，8 年前的一个盛夏，酷热难耐，倪教授却找到他，希望帮忙录制课程，他言辞恳切地说：“我录课不为报奖，也不为参赛，我已经技术 4 级了，没太多想法，只是觉得在飞参领域干了几十年，特别想把心得体会录下来，给后来的老师和学员留下来。”那一刻，我似乎看到在教室里汗流浃背的倪教授，面对职责面对使命的那一份师者情怀。

当我走近为他真心点赞的身边同事，我读懂了倪教授的淡泊名利、精忠报国的赤诚质朴；当我走近他追求的飞参事业，我读懂了他守护蔚蓝、经略空天的执着追求。我也是一名党员，越是深入挖掘倪教授的感人事迹，越是总结提炼他的精神内涵，我越是扪心自问，如果是我，我能做到几分？如果是我，我能做到多好？我想，我要做出回答，我们每一名奋进在强校征程中的大学人，都需要做出回答。

因为高尚，我们不需要渲染；因为过硬，我们不需要拔高。还记得《陕西日报》头版头条以《407，那永不熄灭的灯光》为题，报道了倪教授事迹。文章背后，曾有一段曲折。导语部分，是倪教授服务部队的一个镜头，这也是倪教授无愧于中国战鹰神医的彰显。但在发稿前一个凌晨，陕西日报社总编室发来微信：明天上1版，请审阅。我一看，导语部分变了，是从倪教授家庭开始说起，内容较为煽情。我说你们核实过吗，她说没有，是按照人之常情改成这样。我说不行，我们要反映一个真实的倪教授明天先不发，我去找社长汇报。最终，8月2日，建军节第二天，《陕西日报》头版头条刊发，大学最美声音在三秦大地上嘹亮高亢，大学胜战故事在三千万陕西人民中播撒芬芳。我给陕西日报社李社长发了一条微信：头条浓墨重彩，时机十分恰当，反响特别强烈，这是真正立德树人为战育人身边典型，是驻陕高校老师优秀代表，谨代表倪教授家人对您表示衷心感谢和崇高敬意！

天地有大美，于平凡处得。心中有大爱，在内心处藏。倪教授事迹感动了我，感动了大学，也感动了全社会。新华社、光明日报等中央和军地近百家媒体集中宣传教授先进事迹，引起网络广泛转发。网友燕子来时留言：“有多少流星曾闪耀在这美丽的蓝天，流星划过，那份美丽永恒永远。”

春暖花开的季节，疫情笼罩下的古城，按照倪教授遗愿，家人把他的骨灰撒进了大学旁边的灞河，就像他16岁离开江南水乡，背着行囊第一次来到古城见到灞河一样，他把他的人生永远留在了灞塬上，把他的精神永远留在了母校里！

2022年9月10日刊登于《空军报》3版
同时也是个人作为先进事迹报告团代表
向大学万余名教职员工的脱稿报告

丹心之记

丹心之论　书法题字：

中国书法家协会理事、兰亭奖艺术奖一等奖获得者　张维忠

爱国当怀“四颗心”

愛，这是爱的繁体字。最大的区别，莫过于多了一个“心”字。

当今之中国，变动的中国，创新的中国，飞跃的中国。

作为自信自强自豪的中国人，我们都深爱着祖国。爱国，永远是一个极具凝聚力号召力的话题，也是一种本能而崇高的情感。但是，今天的我们，又该怎么去爱自己的祖国?

我想，还是从爱的繁体字中找到答案。答案很浅显，却又很深邃，那就是用“心”。

怀一颗理性的心

“国家者，非一人之私也。”源自《左传》的这句话，清晰传递一个观点：不能让个人情绪左右国家大事。

爱国，不能仅是激情的口号，更需要清醒的自觉。

一个整天充斥着负能量、骂国家骂社会的人，他所谓的爱国是空洞的，是苍白的。一个浑水摸鱼打砸抢夺的人，他的爱国是虚假的，是伪善的。

记忆深刻的是，当年西安反日游行，多少扛着爱国大旗、行着爱国之名的人，在宣泄着不满，在展示着卑劣，甚至干着偷盗抢掠之事。毫无疑问，那是对爱国的污名，也是对同胞的伤害。

同胞们用血汗钱购买的汽车，在祖国的街道上被堂而皇之掀翻砸毁。当然，那里的确有爱国之人，但也有混在里面闹事之人，还有一些像咸鱼一样，不知道思考，稀里糊涂混进队伍的“猪队友”。现实情况折射到舆论场，就像许多无知的“键盘侠”成为舆论塑势的工具。

盲目排外不是爱国，愤懑抱怨不是爱国，道德绑架也不是爱国，消费情怀更不是爱国。作为今日之中华儿女，应把这种爱升华为开放包容的国际胸怀，而不是轻而易举地就被别人牵着鼻子走。古人云：“情深而闻名，气盛而化神。”大国的文明，须有大国人爱国的样子。

理性源于清醒，清醒源于对自我认知。任继愈先生说：“爱祖国，首先要了解祖国；不了解，就说不上爱。”你都不了解你爱的人，你何以爱她？不了解生于斯、长于斯的美丽中国，我们的爱国，最多只能是肤浅地喊，而不是深沉地爱。

鲁迅先生曾说：“国民倘没有智，没有勇，没有能力，而单靠一种所谓的气，实在是危险的。”爱可以是滚烫的，但不应烫伤别人，要把这份炙热藏在心底，而不是时刻挂在嘴边。

怀一颗自信的心

百年沧桑，百年凌辱。

外敌入侵，军阀割据，内战连绵，自然灾害，政治运动……曾经，积贫积弱、内忧外患的中国，需要的是悲悯，需要的是忧患。但在迈向复兴征程中，我们更需要的是底气，是自信。

外国的月亮就一定圆吗？曾问一位在欧洲留学多年的朋友，到底是外国好还是中国好？他说，一出国即爱国，不仅是因为自己有着一颗红色的心，坚定他回国信心的背后，还有强大的祖国和无数的发展机会。

我们不能迷信于西方政治话语体系，只看得到别人的光，却看不见自己的亮。今天，困扰西方的民粹主义、短视主义、法令主义、民主教条主义日益严重，但中国模式异军突起，上演“当惊世界殊”的中国震撼，书写“风景这边独好”的中国故事。

环顾今日之世界，数千年古老文明与现代国家形态几乎完全重合的国家只有一个，那就是中国。

从“大道之行，天下为公”的大同理想，到“民惟邦本，本固邦宁”的民本思想；从“孝悌忠信，礼义廉耻”的道德操守，到“周虽旧邦，其命维新”的改革精神……

我们的制度文化，始终蕴含着深厚传统，值得我们每一个中国人骄傲和自豪。任何一种文化与中国文化碰撞后，从未削弱我们的文化，从未改变我们的文化，只会被融合、被溶解。就像印度佛教在中国得以发扬光大，马克思主义在中国找到最生动的注解。

我们的文化支撑着我们的复兴。许多东西日用而不觉，在西方世界，“一方有难八方支援”只是想象，一个州凭什么把纳税人的钱给另一个州用。“退一步海阔天空”也是笑谈，许多小国发生地缘冲突一退就退到海里去了。“君子和而不同”更是怪论，资本主义国家的意识形态里要么零和博弈要么赢者通吃。

从一穷二白到百废待兴，从十年浩劫到改革开放，再到今天一跃成为世界第二大经济体，中国的自信是有底气的。中国对宏观经济的整合力，对全体民众的凝聚力，举国体制的组织力，都彰显着我们的中国魅力。但是，我们的自信，不能只体现在政治上、经济上、文化上，更重要的是要体现在心理上。金一南说，战胜敌人有两次，第一次是心胜。

解体前的苏联，国内大部分知识精英都认为，苏联只有变成美国的政治制度，才能发达富裕。但结果是，苏联经济崩溃了，国家解体了。不费一兵一卒，却亡党亡国，因为西方早已在心理上战胜了苏联。

怀一颗奉献的心

1919 年，毛泽东在《湘江评论》中写道：“天下者，我们的天下；国家者，我们的国家；社会者，我们的社会。我们不说，谁说？我们不干，谁干？”

爱国，不是空泛空洞，而是具体具象，指向是一致的，落点是务实的。我们每一个中国人，都是建设国家的主人翁，而不是旁观者。

“常思奋不顾身，而殉国家之急。”力学专家钱伟长高考英语成绩 0 分、物理成绩只有 5 分，严重偏科的他，文科满分考上清华大学，报到第二天惊悉“九一八”事变爆发，他做出一个惊人决定——弃文从理，选择攻读物理系，最终以优异成绩从清华大学毕业。

在真正爱国的人看来，被国家需要是一种幸福，为祖国奉献是一种价值。正如钱伟长所说：“我没有专业，一切从国家的需要出发，国家的需要就是我的专业。”

当然，不是说唯有在科研领域中引领风骚，在奥运赛场上摘金夺银，才有资格谈爱国。那，爱国的定义就太过狭隘了、爱国的门槛太过苛刻了，也禁锢我们的思想和行动。你不一定要成为勇攀科研高峰的科学家，不一定要成为驰骋沙场的大将军，也不一定要当造福一方的企业家，只需要干好自己的事情，就是在为社会做贡献，汇聚起的滚滚洪流都是难以想象的。

和平安宁的年代，爱国情怀的确没有战争年代那么悲壮高昂，更多的是以一种温润平实的形式，体现在我们工作生活的点滴。

越是平凡小事，越能体现爱国情操。哪怕，排队时多礼让一下别人，老人跌倒时少一些迟疑，面对社会不公时多一声怒吼，都是爱国的表现。喊口号很省力，落实到具体行动中，又很费力，但只要用心，也都可以做得到。

祖国在心中，也在行动中。

怀一颗坚定的心

“你是中国人吗？”“你爱中国吗？”“你愿意中国好吗？”1935年9月，南开大学新学年“始业式”，张伯苓校长发出“爱国三问”，让学生的爱国之情更加坚定。

毫无疑问，变动的中国，必然会遇到许多问题，但这都是成长中的烦恼，前进中的磕绊，发展中的困难。就像母亲也在与我们一起成长，她也需要时间，需要探索，需要历练。我们要做的，是少一点抱怨，多一点耐心；少一点怀疑，多一点笃定；少一点轻率，多一点谨慎。

信息化时代，每一个中国人都有睁眼看世界的机会。我们可以随意参与到爱国的讨论和表达中，与之相伴的是，也易遭遇思想的混乱、认识的无序、信仰的多元。

越是迷雾重重，越是波诡云谲，越需要我们理想坚定，越需要我们理智清醒，越需要我们理解支持，不能把爱国变成民粹。

穆巴拉克的下台，并没有带来埃及的民主和谐；卡扎菲的死亡，也没有换来利比亚的和平幸福。曾经的苏联人，也抱怨过苏联的种种不好，但现在的俄罗斯人，最怀念的仍是昔日强大的苏联。古今中外，由于政治发展道路选择错误而导致社会动荡、国家分裂、政息人亡的例子比比皆是。

《吕氏春秋》有一句至理名言：“天下大乱，无有安国；一国尽乱，无有安家。”正如网友们常说的：我们不是处在和平年代，而是生活在和平国度。今日中国风景如此之好，离不开我们的道路自信、理论自信、制度自信、文化自信。

爱，是一种最复杂也最简单的情感。

爱国，亦是如此。每个人都有自己的方式，但不变的是，你所站立的地方是中国；你怎么样，中国便怎么样。

2016 年 10 月 6 日刊登于中国军网官方微信公众号头条

那年，我们不敢做更大的梦

梦要醒了，就像是一次远征、一道沟壑。

梦成真了，就变成一次回味、一种甜蜜。

幼时，邻居家的女婿给县领导开车，每次拜访丈人都会开来一辆吉普。吉普刚停下，小伙伴们围着车子欣喜若狂。很少有人敢做这样的梦：自己也将拥有一辆小汽车。而如今，很多中国人都有了自己的私家车。

现在，我常问母亲，您小时候最大的梦想是什么？她说，拥有属于自己的房子，每天都能吃饱吃好，是当时她认为最奢华的梦。多年前就已实现梦想的母亲，很少再提梦想，因为，现在日子已活在她过去的梦里。

曾经，我们为什么会梦得如此简单、如此纯朴，而现在又活得如此幸福、如此坦然？

是的，是现实制约我们的梦想，让我们对前路不可展望，看不到更远的前方。

个人有梦，国家也有梦。但不变的是，它一定孕育于历史、根植于现实、来源于当下。

国家的梦，如人一样，其实也是她的理想、她的愿景。

但并不是每个国家，都敢做很宏大的梦。比如，当下，积贫的穷国，不敢做富甲天下的梦；积弱的小国，不敢做问鼎太空的梦。

就像过去，新中国成立初期，我们唯一的梦想就是生存，让新生的政权稳固，毕竟，先生存才能求发展。

彼时，梦，是很遥远很奢侈的事情。

个人的梦，可以天马行空。

国家的梦，则需卧虎藏龙。

毛泽东在《论十大关系》中说：“我曾经说过，我们一为穷，二为白，穷就是没有多少工业，农业也不发达。白就是一张白纸，文化水平、科学水平都不高。从发展的观点看，这并不坏。穷就要革命，富的革命就困难。科学技术水平高的国家，就骄傲得很。我们是一张白纸，正好写字。”

正是因为这张白纸，我们描绘出了最美的图画。但当初铺陈画卷的人，一定想不到我们今天能画出经济总量世界第二、综合国力笑傲群雄的美丽图景。

因为，那年，我们的确不敢做更大的梦。

回溯时间的纵轴，曾经，我们不敢做申办奥运的梦，我们不敢做航母入列的梦，我们不敢做上天入地的梦，我们不敢做富国强军的梦。

但，这些梦，都一一实现。就像股神巴菲特说：“无论这个世界发生什么，中国人都会做得更好。”

这是一个在中国才有的画面。

“双 11”的购物狂欢，就像是一场经济的盛宴。中国人自己创设的购物节，某种程度也反映曾经物质匮乏年代对几代人的隐形影响。

走得出的是物质的“获得感”，走不出的是缺失的“安全感”。就像“50 后”“60 后”的老人，看到便宜东西，仍有强烈购买储存冲动，管它有没有用，先大量占有。

幸福的“80 后”“90 后”就更懂得取舍，而不是盲目占有。当下一代，常常为了今天该吃什么、周末该自驾游去哪而苦恼，我们现在所拥有的一切，都是父辈们曾经不敢做的梦。

每一个人的小梦，汇聚成国家的大梦。让世界五分之一的人口都富起来，这样的创举，是西方人不敢想象的。

“莫道故国春来晚，东风初绽第一枝。”历史的原因，曾经的困境，让我们错失许多宝贵发展机遇。18世纪工业革命后，我们就成了历史旁观者，历史车流飞奔而过，只留给我们孤独远望的背影。

不了解我们曾经的痛，就不理解我们今天的梦。抚今追昔，我们用邓小平说的“一天也不能耽搁”的历史主动性，从几十年如一日的追赶世界，到现在开始在诸多领域领跑全球，“中国梦”已晨曦微露。

2012年11月29日，本是一个普通的日子。因为“中国梦”的提出，它成为历史的一个刻度。这个日子，由此成为载入史册的时空坐标；那个地方，由此成为梦想出发的航行地标。

恩格斯说：“历史从哪里开始，思想的进程也应当从哪里开始。”“中国梦”的提出，让我们感到，我们离梦想越来越近，我们比历史上任何时期都更接近中华民族伟大复兴的目标。

但办好中国事，实现中国梦，关键还在中国共产党。

曾记否？梦的道路，一路坎坷，一直艰辛。汉唐盛世，虽早已远去，但近代以来，无数仁人志士救亡图存，苦苦追寻复兴之梦的道路。于是，我们尝试过西方议会制，尝试过多党制，辛亥革命后甚至出现过300多个政党。鞋子试过才知道合不合脚，这些体制，都不合规律、不适国情、不顺民意，一一夭折。

走路要走大道，大道上风景好。

“中国梦”的提出，掀起中国人梦想的热潮。

每一个中国人，都成为敢于筑梦、勤于圆梦的“追梦人”。

航母梦、强军梦、航天梦……一个个名词，是华夏儿女追逐梦想的足迹和见证。

“中国梦”，将中国人更加紧紧凝聚在一起。

但有人说，“中国梦”太空泛，“中国梦”太遥远。

还有人说，中国梦和个人关系不大，“美国梦”才是属于个人的梦。

固然，西方强调个人，中国注重集体。但殊途同归，带有更多个人色彩的“美国梦”成就了强大的美国，带有更多家国色彩的“中国梦”必将成就所有中国人。

谁敢说，自己是完全凭着个人奋斗，不用依附依托于我们所处的伟大时代、伟大祖国，而享受着今天的成就、当下的幸福？谁又敢说，没有相对强大的美国，美国人怎能安心做好“美国梦”？

大河有水，小河方满。中国梦是国家梦、人民梦、家庭梦，也是个人梦，但不是个人主义的梦，也不是脱离国情的梦。个人之于尘世，犹如一滴水珠，只有融入国家的大河中才永不干涸。

和平和幸福真的是与生俱来的吗？是高高挂起、与己无关换来的吗？不是，那是靠每一个人的努力换来的，是用国家的综合国力争取来的。

亡党解体后的破碎苏联，党员犹如丧家之犬，大多流落街头，经常遭到警察通缉。俄罗斯人开始怀念强大的苏联，硬汉总统普京想起曾经的苏联泪流满面。

濒临亡国的以色列，“二战”期间，几百万人惨遭纳粹屠戮。多难兴邦，建国后抛出“世界抛弃以色列，但以色列不抛弃一个犹太人”，弹丸小国在夹缝中成为世界强国。

羸弱无力的近代中国，差点就走向亡国灭种的边缘。在惨绝人寰的南京大屠杀中，30 万中国同胞血流成河、尸骨如山，凄厉哀号声在中华大地上久久回荡。

风雨飘摇的大明王朝，昔日曾藏富于民、商贾如云，但国家危如累卵之际，官员和商人只惦念着个人私产，人人一毛不拔。国家既亡，又何谈私利，一切灰飞烟灭。

谁是实现“中国梦”最关键的一代？

翻开圆梦的时间表，2049 年，是新中国成立 100 年。今天的

“80后”“90后”“00后”，都将开始步入老年，他们是全程的参与者和见证者。这是一种伟大，是一种庆幸。

逐梦之路无坦途，幸运的见证者必定是艰难的跋涉者。百舸争流，风云变幻；变革洪流，谁主沉浮？

古老的国度凝聚起红色的狂飙，我们怀着那颗赤子般的初心，去拥抱时代、把握时机、珍惜时间，来完成一次我们这一代人的伟大远征和历史书写。

2016年11月29日刊登于中国军网官方微信公众号头条

他也曾是“90后”

刚送走西方的圣诞，就迎来主席的华诞。

只不过，在中国的街头，在我们的心头，似乎不像圣诞那么热闹，甚至显得有点冷清。

大抵是从中国的“90后”开始，圣诞节从他们这一代中“火”起来。“80后”的我，对这个西方的舶来节日并不怎么感冒。

对毛主席的略微感到陌生，庶几也是从“90后”开始。这一代人伴随网络长大，是网络“原住民”，毛主席的故事，大多还写在纸质的书籍中、藏在传统的媒体里、活在老一辈的记忆处。

还有昔日网络乱象，历史虚无主义对他的诋毁和妖魔化，导致一些人往往看到许多有失历史公允的不当评价。

作为一名“80后”，我人生读的第一本传记，便是关于毛主席的，书名我已记不清了。但关于他的许多故事，却永远印在了脑海里。

毛主席生于1893年12月26日，于他那个年代而言，也是一个标准的“90后”。

我想，“90后”拥有的特质，独立、叛逆、创新、有主见，主席身上都曾有过。所以，“90后”的青年，更有必要重温“90后”的毛泽东，照一照这面真实而又伟大的镜子。

文韬武略，学贯中西，谈笑间樯橹灰飞烟灭。无疑，毛主席是中华五千年文明史的伟人奇才。也许，我们学不了主席经天纬地的治国智慧，学不了他千古独步的军事天赋，学不了他超绝尘寰的文学造诣。

今天想说的是，主席作为曾经的“90 后”，也曾年轻过。我们可以学一学他在青年时期的某些禀赋和特质，也算是对他最好的纪念，更会受益终身。

敬爱的毛主席，其实有很多面。

一

当国家发改委原副主任刘铁男告诉儿子做人要学会走捷径，面对混得如此“明白”的父亲，儿子必然奉若圭臬。

而如今，父子俩皆身陷囹圄。

人最难得的是，面对长辈、面对领导，当他们错了的时候，还能不唯上不唯亲，保有一颗寻求真理的心。

“90 后”的毛泽东能做到。

毛泽东的父亲是一名地主，也是一名追求利益最大化的世俗农民。他只相信“吃不穷，用不穷，算计不到一世穷”的古训。为此，他嘲笑过毛泽东的求知欲，扼杀过他的同情心，只想毛主席传承他的衣钵。

斯诺在《西行漫记》一书中说，当毛泽东的父亲发现儿子行为不符合自己致富想法时，惯用“不孝”和“懒惰”罪名来责备，甚至责骂。

谁对谁错，历史会证明。毛主席对父亲压榨长工、欺负农民的诸多做法表示轻蔑和鄙视。他特立独行、追求真理，最终成为一名追求进步的新青年，而不是父亲希望的能够迷恋一亩三分地的旧农民。

离开韶山冲那天，他在父亲账本里夹了一首诗：“孩儿立志出乡关，学不成名誓不还。埋骨何须桑梓地，人生无处不青山。”

他的头脑，没有成为别人思想的“跑马场”，而是大道真理的“新广场”。

他的人生，找不到臣服屈从、明哲保身的字眼，更不容卑躬屈膝、甘受命运摆布。

二

“与天奋斗，其乐无穷！与地奋斗，其乐无穷！与人奋斗，其乐无穷！”这是青年毛泽东的座右铭。

奋斗，这两个字，对于当今“90后”来说，是略微沉重而现实的字眼。

每个人都在奋斗，但谁能始终保有那份奋斗的初念、那颗理想的初心？就像有人说，有的人25岁就已经死了，只不过75岁才埋葬。

的确，有的“90后”，甘当“草莓族”，一压就扁，一碰就倒，一难就退。缺少成就一番事业的雄心壮志，恐怕连人生的方向盘都很难把握。

而“90后”的毛泽东当“北漂”时，境遇可能比现在大多数“北漂”还难，因为他几乎没有来自家庭的援助。但他拒绝平庸苟世，看重精神生活，从来没有为物质生活所奴役。

早在湖南第一师范读书时，他就与别人大相径庭。当大家都在讨论食堂伙食不好的时候，“90后”毛泽东并不人云亦云，而是开导同学，甚至和朋友们约定“三不谈”：不谈金钱，不谈男女之间的问题，不谈家庭琐事，只谈“人的天性，人类社会，中国，世界，宇宙”。他只是不想做“金玉其外，不学无术、专为自己而生活的小人”。

所以，才有了“90后”的毛泽东，在湘江之畔，发出了“问苍茫大地，谁主沉浮”的仰天长问，凝结了他对中华民族何去何从的深邃思考和深切忧虑。他为他的这一思考，奋斗了一生。

三

在老一辈领导的求学经历中，毛泽东的学历并不显眼。

他一没上过大学，二没留过洋。

但谁也不敢否认他是最伟大的政治家、军事家、文学家。

因为他一刻也没放弃过读书。19 岁的毛泽东，便在湖南图书馆自修读书半年。后来，在北大图书馆工作期间，他不仅接触了有形的书，也接触了有思想的人，如李大钊、陈独秀、蔡元培、胡适等，他们让他从思想混沌，找到清晰信仰。

反观当下，许多人毕业之后，就很少再摸书了。静下心来读完一本书，有时成为一件很奢侈的事情。

阅读，是一个努力实现自我的过程，也是一个找回最美自己的旅行。多读有字之书，多研无字之书，学识、阅历乃至生命体验才会随着页码递增而不断累积。

“90 后”的毛泽东并不是死读书的人，更不是不通世事的“两脚书橱”。

23 岁那年，毛泽东成为五四运动在湖南主要领导者和组织者，创办了《湘江评论》并担任主编。这算是他干的一件大事。

年轻人总想干点大事，不屑于做小事，尤其是对社会这本“无字之书”常常嗤之以鼻。为答复当时党内党外对于农民革命斗争的责难，“90 后”的毛泽东实地考察五个县，待了一个多月，写出著名的《湖南农民运动考察报告》。

毛泽东说：“社会是学校，一切在工作中学习。”

四

如果有人问，为什么要提“90 后”的毛泽东，毕竟主席可以讲的东西太多太多。

我想说的是，“90后”的毛泽东，更值得我们学习。因为那时的他，还谈不上是一个成功者，我们每一个人都能从他的身上，找到自己的影子，看到自己的缺陷。

“出身决定终身”“拼搏不如拼爹”“读书无用论”等等，许多网友跟风，呼喊“中枪”“真理”，埋怨“多么痛的领悟”！

主席说得好，“牢骚太盛防肠断，风物长宜放眼量”。与其羡慕别人，不如砥砺前行，莫等青春散场时，空悲切。

学一学“90后”的毛泽东，面对谬误，不忘坚持年轻人的那份抗争；面对黑暗，不冷年轻人的那份热血；面对艰难，不变年轻人的那份初心。

这样的“90后”，是不是既可亲，又可信，更可学？

恰同学少年，风华正茂。“90后”毛泽东，带给我们的，是人生迷茫时的更坚定的方向，也是内心黑暗时更真实的一束光。

写下此文时，空军武汉指挥所老战士报告团副团长毛兰成刚来单位作报告。报告结束后，我们与这位从毛主席时代走过来的老人，组织座谈交流。

会上，他激动地说：“学习毛主席，人生有出息；学习毛泽东，人生红彤彤。”

看着近90岁的他，虽身患高血压、糖尿病、心肌梗死等，似乎什么老年人的病他都占全了，却依然精神矍铄，坚持做毛泽东思想的忠实传人。我仿佛又看到了一个“活”的历史，一个真实的“90后”毛泽东。

确乎，学习毛泽东，人生定会红彤彤。

2016年12月26日刊登于中国军网官方微信公众号头条

外交“战事”

西方人说，真理只在大炮射程之内。

对于这句话，可信，却不可全信。比如说，我们敬爱的周恩来总理，总能站在真理的制高点。

今天是周总理逝世 41 周年。这个日子，既不逢五，也不逢十，照理来说，本属普通。

可想起今年国家外交天团，以外交部长王毅为代表的四名老同志，成为有颜值、有才华、有智慧、有担当的“四有”新偶像。

想起他们在南海仲裁案的阵阵“妖风”面前，舌战群魔、智辩怪谈。三位“男神”和一位“女神”，性格温厚而不失强硬、语调温和却不失态度、形象温雅也不输颜值，让国民情不自禁地怀念起周总理的外交风范。

值此之日，恰好聊聊周总理的外交那些事。

一

在许多人的眼里，周总理止于至善。

他对党忠诚、对人民忠心、对爱情忠贞，于公于私、于国于家，都几近完美。

正如著名作家梁衡概括的，他有“六无”：死不留灰、生而无后、官而不显、党而不私、劳而无怨、去不留言。

至今，许多人一提总理仍双泪流、一谈国事就念总理。

但大家更容易忆起总理的，许多是他在外交对阵中的机智轶事。

比如说，中国现在有没有妓女？有，在台湾！面对挖坑，周总理机灵回应。

比如说，中国银行有多少存款？把 1 分、1 角等各面值加起来，总计 18 元 8 角 8 分！面对挖苦，周总理巧妙回避。

比如说，中国人缘何总是低头走路？低着头走路是因为我们走的是上坡路！面对讽刺，周总理幽默回答。

比如说，中国人为什么把路叫马路？因为我们走的是马克思主义道路！面对冷嘲，周总理睿智回击。

这样的外交小故事，不一而足，不胜枚举。

所以，美国前总统尼克松由衷感叹："在过去 25 年里，我有幸会见过的 100 多位政府首脑中，没有一个人在敏锐的才智、哲理的通达和阅历带来的智慧方面超过他。"

但是，流传的往往是"术"的成分多，"道"的成分少。

有道无术，术尚可求；有术无道，止于术。道是术的基础，术是道的外显，如果一味沉浸在周总理这些外交的幽默"段子"里，是不容易真正读懂周总理外交的大智慧、大格局和大境界的。

二

外交工作无小事。

炼钢要善于观察火色，烹调要巧于掌握火候。每一回外交谈判、每一次外交回应，不是一味"硬"就能所向披靡、得寸进寸，也不是一味"软"就能委曲求全、关照大局。

凡事都讲究个"度"。周总理每次都火候适中、分寸适当，很少出现"过"与"不及"。

因此，有人说，他是"有弹性的优质钢"。

新中国刚成立时，其实我们仍很弱。但清王朝、北洋政府、国民党“跪在地上搞外交”那一套，周总理嗤之以鼻。

60年代初，美国曾准备支持台湾反攻大陆。周总理严正警告：“如果台湾胆敢反攻大陆，反攻大陆之时，就是解放军解放台湾之日。”美国立刻表示不支持台湾反攻大陆。

朝鲜战争，把美国人打到谈判桌上。在谈判军事停战分界线问题上，他们态度蛮横、气焰嚣张，一度叫嚣“让飞机大炮去辩论”。

我们用劣等装备把他们再次打回谈判桌，但在交换战俘问题上，他们拒绝按照国际惯例交换全部战俘。

中南海西花厅，周恩来沉思踱步，毛主席“三不一个必须”的谈判底线必须坚持。

“美国蛮横无理时不能让步，虚张声势时不能让步，不起作用时不能让步，让步必须能扭转局势。”面对强敌，周总理的外交决策让美国人明白了一个道理，用武力压倒中国和朝鲜人民早已不可能。

僵局得以打破，停战得到实现。朝鲜的映山红杜鹃，又恢复往日的静谧妩媚、喜庆祥和。

三

一个优秀的人，首先要能控制自己的感情，领导更亦如是。周总理那从容冷静、温和宽厚的外表，是一座冰层覆盖着的火山。

1972年的夏天，中国来了一位“贵客”——访华的尼克松。奇怪的是，中央媒体没有出现显著的长篇报道，周总理接机时也没有表现出夸张的热烈表情。

淡如止水的背后，不缺礼仪之邦的热情。周总理亲自扑在一线，布置接待工作和会谈，详细了解每一位来访人员的背景经历。

欢迎宴会上，尼克松意外地听到他三年前宣誓时的就职曲；宴会餐桌上，他们居然吃到用文火煨过的对虾和海绵状的竹笋。

一切都在不言中。女人的心思最细腻，尼克松的夫人帕特禁不住感叹：“周恩来真是个了不起的人物。”

不说过头话，不做过头事。他们既感受到中国人的真挚友好，也感悟到新中国的大国风度。中美关系坚冰已然消融，两国关系走向新纪元。

太长、太短、太白、太赤，都不好看。一分的反差，就是美丑的界限；一毫的控制，就是优劣的体现。

周总理说：“做什么事情过头了，就变成了荒谬；好看的人脂粉抹多了，反而不好看。”

四

学会站在别人的角度思考，不仅是一种情商，也是一种善良。聪明可以学得会，善良往往学不来。

外交家的思维，是胳膊肘绝对不能往外拐，谁也不愿留卖国贼的千古骂名。

在涉及重大核心利益问题上，这叫底线思维；在与人为善和人情世故面前，还得有点朋友思想。

1972年，日本自由民主党三木派首脑三木武夫来华访问。

三木武夫是周恩来的“粉丝”。在多次会谈中，他反复强调，如他组阁，将承认中日复交三原则，宣布结束战争状态，日蒋条约无效，发布永不再战宣言。他是真诚的，甚至坦言回国后立刻在新闻界宣布。

此时自由民主党正在执政，此时日本政府大多依赖美国，这个政治倾向显得尤为宝贵。

感谢之余，周总理泼了一盆凉水：“不要太讲中国的好话，把你说成亲华派不好，含蓄一点对大家都好。”三木武夫听后，大为感动。

你的善良我点赞，你的处境我着想。既为自己考虑，也为别人着想，所以他团结了朋友，还常常争取了敌人。因而，周总理被西方称为“对手的伙伴”“舌剑唇枪的绅士”。

周总理逝世时，三木如日中天，正担任日本首相。

在驻日使馆，三木亲自吊唁，神情凝重，鞠躬致哀，还超越一般外交礼节，出席日本民间团体的悼念大会。

瑞士日内瓦，湖光山色，美之缩影。

1954年的国际谈判大会场内，不仅有周总理舌战“十六国”，语惊四座，威震八方。会场外，还有周总理安排放映的一部饱含中国传统文化的电影《梁山伯与祝英台》，但片名却改为了《中国的罗密欧与朱丽叶》。

周总理的有意为之、求同存异，引得国外友人纷纷前去观看。华灯复明，观众仍如痴如醉。

西方人看到周总理的锋芒，也看见周总理的温情。

五

干大事者不拘小节，但能成大事者亦关心小事。

尤其对外交工作而言，更需大处着眼，小处着手。小事往往会决定成败。

中日“破冰”，是在1972年。廖承志带队访日，是在1973年。

中日邦交正常化后，作为首次访问，重要性不言而喻。

临行前，周总理突然发问，田中首相送来的樱花长势怎么样？

众皆沉默，各自反思。

是啊，作为田中首相代表日本送给中国人民的礼物，礼应在赴日后当面汇报。

于是，几枚压平了的樱叶，作为重要礼物送给田中首相。

首相反复端详，脸上笑逐颜开。

睹物思人，见叶思情。小小樱叶，大爱无疆。

1952 年，隔太平洋相望的美国引爆第一颗氢弹，相邻而居的苏联派来文化艺术代表团赴中国演出。

谁都不会想到，演出前，一个大国的总理居然到台前幕后进行检查。

当然不是做样子，而是有成果。一个露出舞台台面的小铁钉被发现，总理亲自动手，将铁钉敲入了木板，将隐患敲进了未萌。

小小铁钉，历史上也曾有过前车之鉴。因为一颗小小的马钉，一个国家曾输掉了一场战争。

六

到底什么是周总理的外交智慧？

讲究原则而不失灵活？注重宽厚又不怯懦？彰显自信又不专横？十分随和而有节制？无比机智而富有幽默？博学文雅而不失智谋？风度高贵而又平易亲和？

对这位高山仰止的天才式外交家，再多溢美之词也无以言表。

还是用很多年前的联合国秘书长哈马舍尔德的话来结束比较合适。

“与周恩来相比，我们简直就是野蛮人。”他如是评价。

2017 年 1 月 8 日刊登于中国军网官方微信公众号头条

致敬，今天是中国航天的“成人礼”

历史，总是会有许多惊人的巧合。

从神舟一号，到神舟十一号，自1999年11月20日6时30分，中国第一艘不载人的试验飞船神舟一号在酒泉卫星发射中心发射升空，到2016年10月17日，我们陆续发射了11次试验飞船。

掐指一算，17年过去。17年的沧海桑田，既是一个人成人的年龄，也是中国航天成长的见证。

仔细一想，17日这个数字，又与17年再次奇妙吻合。

不知是刻意为之，还是冥冥注定，原因没必要深究。但是，作为中国人，在收获这份荣誉和自豪、感叹这个巧合和巧遇的同时，要坚信，伟大的巧合，背后深藏着伟大的崛起。

有一种数字，每前进一个“1”，伴随的都是祖国强大的发展，牵动的都是华夏儿女的心，那就是我们的神舟飞船系列。

此时，无数的中国人端坐在电视机前，目不转睛，关注着我们同胞在太空的每一刻表现。此刻，所有中华儿女的心凝聚在一起，关注着两名炎黄子孙——景海鹏和陈冬的安危。

航天，是我们共同的梦想，也是我们共同的行动。

我们从来不缺少浪漫的情怀。比如，对“天”的向往，中华民族坚定而执着。嫦娥奔月，鹏飞万里，登九天抚彗星。从古至今，中国人从没有放弃过对“天”的想象、对“天”的追求。

如果说，航天是一部史诗、一部巨著，那么每一次飞行就是一首壮美的诗篇。烈焰喷射，光芒万丈，中国飞船犹如巨龙，飞向苍穹，汇入太空。

鲲鹏飞天的雄姿，宣示着中国的强盛，毛泽东在《念奴娇·鸟儿问答》中大气磅礴地写道：鲲鹏展翅，九万里，翻动扶摇羊角。背负青天朝下看，都是人间城郭。

我们常讲要有中国自信，在中国航天的“成人礼”之际，我们还可以讲一讲世界自信。中国自信是源于对自我的认可、对自我的鼓励，常常掺杂着一些难以言说的情愫。而世界自信，更多的是对自我的判断、对自我的检验，这总归是需要一些底气和实力的。

从无人飞船到有人飞船，从自动对接到人工对接，在航天领域，尽管我国比美国、俄罗斯慢了好几十年，但好饭不怕晚，我们一步步努力赶超，凭着自主发展的载人航天技术，成功跨入太空俱乐部，具有自立门户的能力，这是我们无可争辩、无与伦比的世界自信。就像一位老华侨曾说：“我们期盼成功，因为祖国的卫星打多高，我们华侨的头就能昂多高！”如今，神舟十一号让我们的飞行高度比以往又抬高 50 公里，景海鹏、陈冬攀上中国人飞天的最高高度，那也是中国人精神自信的新高度。

飞天梦连着强国梦。邓小平同志曾深刻指出：“如果六十年代以来中国没有原子弹、氢弹，没有发射卫星，中国就不能叫有重要影响的大国，就没有现在这样的国际地位。”

强国梦连着个人梦。其实，航天不仅是我们中国人的“谈资”，不仅是一个好看的“花架子”，它也在悄然改变我们的生活，航天技术推动中国制造业进步，带动我国新材料、生物品种、通讯等产业的发展，我们每一个人都享受着国家航天事业带来的“福利”。

3 年前，我曾接待“感动中国”十大人物之一、随神舟六号飞船踏入太空的中国人民解放军航天员大队大队长费俊龙来单位作报告。

我不热衷追星，但对于这样的民族脊梁、国家英雄，站在一起，我感受更多的不是难得或激动，而是尊敬和点赞。他代表优秀的中国航天人，代表坚毅、不屈、担当和完美的“航天精神”，那也将烛照我们不忘初心、奋勇前行。

每个人在童年时都喜欢仰望星空。深邃夜幕，星河灿烂，都曾幻想自己登上遥远的月球。

幻想逐渐成为梦想，梦想将慢慢照进现实，中国航天的阔步前行，让我们每一个中国人都看到自己在有生之年登月的希望。

今天，请为中国航天致敬，为中国航天的“成人礼”致敬！

成人礼，既是一个梦的结束，也是一个梦的开始。

梦想比太空更加深邃，我们的梦想，也将被这个“成人礼”带到更高远的天空。

2016 年 10 月 17 日刊登于中国军网官方微信公众号头条

“中国鹰”，珠海与你一起成长

蓝天的盛会，背负着“中国鹰”的梦想。

蓝色的珠海，见证着“中国鹰”的成长。

一直在思考，国人为何如此关注珠海航展？航展开幕前些天，几乎只要是关于航展的新闻，都能迅速占据传统媒体和新媒体显著位置。尤其是，当中国运 –20 将参展、歼 –20 将首飞的消息公布后，瞬间成为舆论焦点，迅速引起国人热议。

越是自身强的地方，往往越低调自信不张扬，比如说中国的乒乓球。越是曾经弱的方面，一旦“弯道超车”便有强烈表达渴望，比如说中国的航空工业。国家如此，国人亦如此。

曾经，首届航展被许多军迷戏谑为“模型展”，中国航空工业被西方强国常常“泼凉水”。如今，从“望尘莫及”到“望其项背”，从“云飞泥沉”到“同台竞技”，从“跟踪发展”到“自主创新”，刻有“中国制造”的各型飞机不断飞上世界新高度，“中国鹰”在浩瀚天宇中展翅翱翔。

所以，珠海航展展示出的中国航空工业的飞速进步，让每个人都有值得骄傲的中国自信，都产生内心强烈的中国表达。

这是中国人主办的航展，当然也是属于世界人的航展。我们不仅期盼看到世界军事强国顶尖顶级的航空航天装备，也期盼我们的“撒手锏”和“看家宝”能闪亮登场，在家门口赢得荣光和底气。很遗憾，我直到今天才第一次到现场观看珠海航展。当然，也很庆幸，我是可以带着骄傲去看航展的新一代中国人。

1996年的第一届珠海航展，许多飞机显得有点“单薄”，略显“落伍”，但却勇敢地完成“中国鹰”的“首秀”。到了第二届，我们自行设计研制的战机，也引起极大轰动。但是，我们能够拿得出手的“战鹰”，实在还是太少。

弹指一挥间，一届届航展，一路走来，我们不断地超越自我局限，不断追赶世界脚步。2008年，中国几乎所有现役的主力机型都参加展示及飞行表演，歼-10战斗机的矫健身影更是吸引全球目光，那标志着中国二代“雏鹰”向三代“雄鹰”的历史性跨越。

从第一届到第十届珠海航展，装备从弱到强，表演队从无到有，成为名副其实的“成年秀”。以歼-10、运-20、歼-31等为代表的主力装备首次成体系亮相。今年，歼-20又首次公开亮相，亮剑珠海上空，惊艳世界各国。

航展，已不仅仅是航展。我们高度关注的事情，有时往往超越事物本身。记得第一次完完整整看完一场足球比赛，是在2002年中国足球历史性地杀进世界杯，五里河的上空，写满数不尽的激动与兴奋。看完之后，终于明白为什么会有无数人为了一个球的游戏而伤心落泪、疯狂呼喊，因为有太多的精神寄托、太多的附加情感。

1909年，中国“航空之父”冯如驾驶自己研制的飞机飞向蓝天。这一年，距离美国莱特兄弟研制人类历史上第一架有动力飞行的飞机上天时间只差了6年。但因曾经的列强入侵，因曾经的连年战火，因曾经的积贫积弱，我们起步不晚，却渐行渐远，与西方差了近一个时代。

航空报国，百年梦想。“中国鹰”的成长史，是一部白手起家、接续奋斗的创业史，是一部勇于创新、超越自我的发展史，是一部不辱使命、强军报国的爱国史。人类已经进入空天时代，国家安全来自空天，国家利益来自空天，空天胜则优胜，空天败则必败。历史已反复证明，核心技术用金钱买不来、用市场换不来，中华民族伟大复兴呼唤强大的航空工业，我们厚积而薄发，任重而道远。

鹰，象征着一种胜利，代表着一种精神。自然界里，并不是所有的鹰都能经过涅槃而获得重生，经过洗礼而高飞远航，它注定经过痛苦和残酷的“脱胎换骨”。

高拔千仞的八极天宇，扶摇万里的九天长风，谁持彩练当空舞？看，是曾经经历跋涉和苦难的“中国鹰”，是为我们书写云上荣光的“中国鹰”！

2016 年 11 月 1 日刊登于中国军网官方微信公众号

“穿衣戴帽”的“左过饰非”

周末，闲来无事，到西安唐苑游玩。

这是一个以盆景艺术而享有美誉的主题公园，坐落于长安杜陵苑上。

游人如织的公园内，以“助力‘一带一路’”为主题某某培训班学员趣味运动会在空地广场火热召开。如此主题，细细一想，十分可笑，不自觉地成了“高级黑”“低级红”。

是你跑得快了，“一带一路”就顺利了？还是你跑得慢了，“一带一路”就停滞了？或者说，你们的身体素质直接关系到“一带一路”大局？显然，都不是。

类似现象，在我们工作和生活中见怪不怪，甚至已习以为常。正是这种习以为常，这种打着旗号的空洞正确，才真正可怕。

1971 年林彪叛逃，折戟沉沙于蒙古国。全国掀起批林高潮，上面传达文件有一句话：“林彪披着马克思主义外衣。”有一生产队开批判会，队长向大家传达说：“这个林彪很坏，偷了一件马克思的外衣。”其实，我们很多大主题大口号落实到基层，深刻理解内涵意蕴的不多，断章取义、滥用概念的人倒是不计其数。

为赶时髦、追流行、求风尚，上面提出一个概念或者目标，下面就不假思索、不求甚解地贴上标签，生怕站位不高、跟得不紧、水平不够，认为戴个大帽子，似乎就安全了，就有高度了，但往往显得知识短缺、思想短路。

宣传之路没有走正，就会闹出许多笑话。于是，经常能看到这样雷人的话语：

殡葬单位，喊出了“适应新常态，促进殡葬事业快速发展”的口号；

南方工厂，出现了“努力实现中国梦，大力抓好丝袜生产”的横幅。

宣传之路要走正，应让政治性、思想性、艺术性高度统一，处理好主观与客观、内容与形式、动机与效果、线上与线下、内宣与外宣的关系，不能用力过猛，更不能弄巧成拙，还是要平实务实，更要真情真实。

标语凝聚人心，口号反映共识。并不是说概念、标语或者口号没有作用，相反，好的标语口号不仅能教育群众，更能凝聚人心。毛主席提出的“打土豪、分田地”没有大话套话，却牢牢抓住农民的真切需求，因而深入人心。

1950 年 6 月，朝鲜战争爆发，我们提出的“抗美援朝、保家卫国”这八个字将国际义务、爱国精神和“保家”的具体利益都概括进来，对于新中国刚成立的老百姓来说，很有感召力吸引力。

只有多站在群众的利益和角度提口号，多结合单位的实际提口号，才能走进群众的心里。

不会正确“穿衣戴帽”，就会让“外衣”“帽子”失效、失信、失灵。我们要的不是跟风式追随、标签式套用，而是发自内心的深入理解、付诸实践的具体行动。

2016 年 3 月 29 日刊登于某官方微信公众号头条

赤胆忠心之人离开后的思索

一个人的黯然退场、悄然离去，可以让无数人为之扼腕、悲叹、惋惜。

我想，原因大抵有三：一是他的离去，是在他不应该有的年纪；二是他的离去，让大家更加深切缅怀他曾经的付出和贡献；三是他的离去，对事业发展的影响可能要许久才能平息。

吉林大学著名地球物理学家黄大年，就是这样壮年早逝的“扛鼎”大家。在他58岁之时，科技生命正值巅峰，他猝然离世、绝尘而去。

随着时间推移，吉林大学的黄大年，必将逐渐淡出人们视线。

但我们必须反思，怎么才能不让“赤胆忠心”之人就那么走了，如何不再出现“李大年”“张大年”早逝现象。黄大年，希望成为的是我们的一个永恒记忆，而不是我们的司空见惯。

这种反思的温度，不能因媒体宣传热度的“退火”而退却。

壮志未酬身先死。细细搜罗一下，近些年，我们有太多这样令人惋惜的国之“重器”。

著名抗癌青年科学家郭申元29岁写下生命句号；

中科院首席科学家助理胡可心38岁戛然而止；

中科院生物物理研究所研究组组长赵永芳39岁香消玉殒；

号称“中国芯”大将的华为无线芯片开发部部长王劲42岁猝然离世；

歼–15 舰载机研制现场总指挥、中航工业沈阳飞机工业有限公司董事长罗阳 51 岁突然离去；

闻名中外的速算大师史丰收 53 岁因病故去；

……

他们都有一个共同特点：工作时间过长，劳动强度过大，长期超负荷工作。也都有一个共同遗憾：在人生最华丽的年龄，在事业最华美的舞台，来不及好好享受人生，还有许多未竟事业，就走向生命终结。

不疯魔不成活。诚然，科学家都是有激情的人。“把科研当情人”“每年出差 130 多天”“经常吃速效救心丸搞工作”……这是黄大年的真实写照，又何尝不是无数科研人的现实缩影。

一旦上场，就不停歇。

仿佛是穿上充满魔咒的“红舞鞋”，在我们的关注和掌声中无休止地跳，在他们的赤诚和激情中无节制地跳，他们终究早早地倒在舞台上。

是的，他们是有着一腔热血报祖国、两鬓早白写辉煌的赤胆忠心，他们是可以在科研征途上超越身边所有的普通人。但别忘了，他们超越不了他们只是一个自然人的现实。

上帝是公平的，在某方面过于强大，有时在其他方面反而更为脆弱。正如黄大年那样，年过半百，可以有热血沸腾的激情；可年过半百，很难有热血青春的体力。

在我们身边，常常有这样的人：他们很少有时间陪伴家人，一年到头几乎没有请过假，打硬仗啃“硬骨头”永远是他们，年纪轻轻就开始出现与年龄不相称的白发和神态，表面很光鲜很光荣却活得很沉重很苦累。我们，记住了他们勤奋的样子，歌颂他们辛劳的表现，却总是忘了他们也是普通人。

面对芸芸赤胆忠心之人，谁可以为他们可能猝然失去的青春负责？谁也负不了这个责，但可以反思。

要反思一种思维误区。有一种误区，似乎不悲情的科学家，道德形象就不够高大，不累趴下，不病倒了，不离开了，就不算英雄。而对“悲情”的过分颂扬，其实只是强化他们的精神，而在淡化他们的成就。逝去的科学家当然是我们心目中的英雄，但不能只宣传会工作的“老黄牛”，也要宣传会生活的“老顽童”。物理学家霍金写得了论文、演得了电视、当得了网红，他的独特魅力让他不再是那种苦情、呆板、无聊的传统科学家形象，他的自然生命和科研生命交相辉映。

要反思政策落实上的“最后一公里”。关心关爱科研人员健康状况，我们欣喜地看到，国家物质和人文关怀越来越多，“利好”政策越来越实。但对科研人员的关心，没有最好，只有更好。尤其在“最后一公里”上，仍有光让“马儿跑得快”、忽视“马儿多吃草”的现象。惜才未惜身，用才求用尽，容才不容短，致使一些人才在负重中前行。暖意须送寒冬前，“五加二”“白加黑”可以有，但不应成为常态，更不能等到逝去了才去谈关爱。

要反思我们的用人现状。常常把“顶梁柱”当成单位唯一的“承重墙”，把“老实人”当成单位用到死的“老好人”，使之甘当沉默的“羔羊”和“砥柱”，重使用轻培养，重用才轻养才，没有把人才作为一种非可持续的资源去珍惜珍视。的确，有的人为了科学、为了祖国可以舍弃自己。但是，我们不能因为他愿意舍弃自己，就舍得让他无私地舍弃，直到他离我们而去。

7年前，有一位青年教授，在某重大科研项目结题汇报会上，因心肌炎突发倒在发言台。这不是电影“桥段”，更不是刻意“作秀”。我知道他，无数个日日夜夜，孤灯孑影，挑灯夜战。终于走到成功的那一天，紧绷的心放下了，亦如拉扯到极致的橡皮筋，说断就断。

紧急抢救，他捡回一条命。出院后，无论是单位，还是他自己，开始注重疗养和休息。如今的他，学会了自我释放，仍一如既往地奋战在科研一线，科研生命因自然生命的活力而更加璀璨。

有情怀的人，他眼中的世界是不一样的。

黄大年最爱唱的歌是《我的中国心》《我爱你中国》。这种爱，是无需掩饰的表白。这种心，是蜡炬成灰的滚烫。能让我们立足于世界民族之林，拼命的不是黄大年一个，而是一个个这样有情怀的群体。他们一直散发着有情怀的光和热，也许，他还能散发更多的光和热，但不能让他们的生命过早地燃尽。

2017 年 5 月 28 日刊登于中国军网官方微信公众号头条

“90 后”，不缺理想缺理解

似乎在悄然之间，“90 后”就淡出人们视线，“00 后”走进高考考场，也走进人们视野，成为时代主角。

但曾经给“90 后”贴的那些“标签”，却难以撕掉，甚至成为一个时代的“印记”。有的说，他们吃着薯片、看着大片、玩着芯片长大；有的说，他们叛逆自我、缺乏责任心；有的说，他们是非主流、缺乏担当，等等。

天降暴雨，水围南方，洪水肆虐，各地危急！面对今年几十年难遇一次的洪水，无数人民子弟兵冲到抗洪一线、跳进浑浊江水，以躯体为墙，靠双手阻挡，筑起一道道防洪的人身大坝。

大家都记住了这个名字：人民子弟兵！但往往忽视他们大多还有另一个身份：“90 后”。他们以无私、责任、担当，以可歌可泣的抗洪抢险，镌刻属于这代人的“标记”，换上属于他们新的“标签”：敢于担当，值得信任，充盈着正能量！

因为来自南方，我对洪水体验比别人更为深刻。浑浊洪水里，粪便、蚂蟥、老鼠和各种病菌，你能看到的脏和你想不到的脏，那里面都有。面对洪水奋不顾身，面对污水长期浸泡，对于在温室里长大的“90 后”，的确需要巨大勇气。

从一幅幅相似的电视画面中，我们看到一张张相似稚嫩的脸，却都有着与他们年龄不相称的坚定眼神。“90 后”的子弟兵，在洪水中搏斗，在暴雨中淋透，在草地中入眠，他们让我们感动的同时，也在让电视机前“90后”的父母们揪心。

有的“90后”青年学子放弃毕业典礼，奔赴到最危险的地方！有的“90后”战士激战几昼夜，不放弃最后一线希望！有的“90后”官兵水退一寸抢一寸，奋战在灾后重建的一线……在大地震、大洪水等各种自然灾害面前，这一代“90后”没有自私自利，充满情怀担当，把毕业礼、成人礼、新婚礼放在奉献的舞台上，留下汗水、泪水，甚至血水。

多么可爱可敬的“90后”一代，无需高尚的理由，没有自我的吹嘘，却始终在用无私行动、执着奉献为他们的青春正名，在以人民的名义爱着我们的人民。

与之相反的是，日本福岛地震事故发生后，国家发动紧急救援，自愿去一线救灾的日本年轻人非常少。当国家有难、民族有危、百姓有险的时候，当我们真的有需要时，我们的青年一代能不能冲上去？抗洪是最响亮的答案。现实表现常常与网络杂音形成巨大反差，我们不再为炒作乱象而遮蔽迷眼，更多地为他们的本色表现而欣慰感动。

有人说，“70后”“80后”忙着建构，“90后”“00后”忙着解构。是的，他们热衷以戏谑方式、调侃语言去看待周围事物，但并不代表他们内心不认同主流价值。他们自由个性地表达，用不同方式诠释他们对主流价值的立场、态度和理解。犹如生长在云端的树，虽枝叶繁茂，各有姿态，但根始终紧紧地扎在土地之中。

理性地看，以某一个时间节点划分人类的群体特征，必然有一定的局限性。但是，一个时代会造就一批人，也是具有一定的客观性。《乌合之众》里说，人在群体中具有强烈的从众心理。我们庆幸的是，“90后”官兵给整个“90后”一代人树立了一种崭新形象，也带来一股时代暖流。我们还庆幸的是，当今的“90后”正处在一个狂飙突进、满怀梦想的时代，他们定有更高远的情怀和境界。

当时代的大旗交给“70后”，“60后”担心“70后”不靠谱；

当"80后"走上历史舞台，"70后"对"80后"不放心；当"90后"已经迈进历史门槛时，"80后"也是忧心忡忡。

美国作家哈罗德·罗森堡在《荒漠之死》中说，一个时代的人们不是担起属于他们时代的变革的重负，便是在它的压力之下死于荒野。我们过去杞人忧天过，但从抗洪中殊死搏斗的"90后"官兵中，从各个领域涌现出的"90后"优秀代表中，我们看到了，"90后"的个性是暖色调的，"90后"的底色是正能量的。

曾经，《人民日报》刊登过"90后"的呼声，他们说："我们并不缺理想，缺的是理解。"给抗洪的"90后"官兵真诚点赞，也给这个时代的"90后"青年点赞。相信他们，相信"90后"，就是相信我们，就是相信未来！

2017年7月11日刊登于中国军网官方微信公众号头条

无政治美德难为人

在纪念香港回归20周年特殊历史节点上，香港高等法院裁定取消4名立法会议员资格。取消理由，看似“小题大做”。法院指出，4名立法会议员在新一届立法会议员就职宣誓时，没有庄严、客观地让人感到是真诚愿意被誓词约束，甚至有人更改宣誓形式和增减内容。当年，香港律政司便入禀香港高等法院，按照违反基本法的有关规定，判定他们属于“拒绝宣誓”，要求法庭裁定其宣誓无效及颁令议席悬空。

细究他们不庄严、不真诚的表现，又的确让人义愤填膺。一个议员在社交网站中承认“自己慢读是要彰显誓词的虚妄”；一个议员3次以阴阳怪气方式将“中华人民共和国”的“国”字声调提高；一个议员干脆擅自改变誓词内容加入“定当拥护香港制度争取真普选”；一个议员甚至以手举黄伞手撕基本法的方式宣读誓词。

看完他们跳梁小丑般的表现，就再也找不到宽容他们的理由。这不仅是一种不庄严、不庄重，也是一种亵渎、一种侮辱，是对香港立法、国家权威的轻慢和挑战。

回归20年，尚属弱冠。人年轻时难免犯点小错，甚至于叛逆，但思维叛逆不等于思想叛变。那4人也许并不因生为中国人、生活在中国为荣，甚至感觉处处受到限制与束缚，还以为西方才是真民主。那我们看看他们崇媚的西方国家，本世纪初，美国国会就高票通过“爱国者法案”。俄罗斯通过的法案干脆称之为“叛国罪法案”，扩大叛国罪界定范围。韩国在没收60年代韩奸的财产后，甚至不受法律约束，让那些曾经不爱国甚至辱国之人连律师都请不到。

拥有司法独立，不等于可以分裂祖国。虽然那只是个别人的行为，但这种伤害祖国尊严和民族情感之事，蒙羞的不仅是个人，还有我们整个国家。如果我们都不能发自内心地尊重祖国母亲，怎能期望他国之人会有敬畏的眼神。

一般来讲，无论做何种宣誓，都是一种神圣的仪式。誓词庄严、吐字庄重，都是宣誓应有之义。那些举止轻佻、言语随便的人，内心缺乏的不仅是信仰之心、追随之心，甚至连敬畏之心、廉耻之心都荡然无存。

爱国，是一种美德，也在道德的范畴之内。诚如孟德斯鸠在《论法的精神》中，把美德分为政治美德、基督教美德和个人美德，而爱国，则是政治美德的核心。从这个层面来看，那种轻浮的表现、轻视的眼神、轻蔑的举止，与美德相去甚远。宣誓，虽只有短短几分钟，但在战火纷飞的岁月，有多少人冒着砍头的危险说出那庄重的百十字；在马放南山的和平年代，又有多少人在捏针远行地用一生去践行那百十字。其分量、其价值、其意义、其内涵，甚至超越婚礼殿堂执子之手、与子偕老的如山承诺。那种掷地有声，那种神圣庄严，燃起的是你内心永恒的使命感，激发的是你一生追随的责任感。

这个判决，我们要为香港法院叫好点赞，它维护了一个仪式应有的庄严，更维护了一个国家应有的底线。试想，如此无礼的宣誓，如果没有及时喝止，或是形成风气，让这样的人堂而皇之成为议员，会对青年一代造成什么样的影响，又会形成怎样的破窗效应？

一位留学哈佛的美女学霸，曾发表过震撼无数国人的演讲。女孩名叫许吉如，演讲主题为“国强则少年强”。听完她的演讲，最打动人心、令人难忘的一句话，莫过于：“你不必非得在别人的国土上，成为一个非常优秀的个体，才能够被尊重。你就踏踏实实地做一个哪怕普普通通的中国人，也会被善待，因为你背后是一个稳定的国家，而世界对你的国家，充满敬畏。”一出国就爱国，一离开母亲的怀抱就渴望曾经温暖的爱，这是对那些轻蔑祖国的人最好的告诫。

爱国，就像爱母亲，并不是多么高尚的行为，只是基本底线。即便是个人品德低下之人，时而也会迸发出高尚政治美德。如抛开马基雅维利为达目的不择手段的政治权术理论不谈，这个被视作在政治上尔虞我诈、背信弃义和不择手段的人，当德国雇佣兵进军佛罗伦萨时，马基雅维利居然写信给好友韦托里，满怀忧愤地说：“我爱祖国甚于爱自己的灵魂。”

美学家说，即使神话不存在了，但仪式的圣洁性还在。不论时代如何变，不论人心如何变，不论我们走多远，走到哪里，对祖国的爱，都应深藏一份内心的敬畏感、圣洁感、仪式感，我们就忘不了我们是谁，就忘不了回家的路。

2017 年 7 月 18 日刊登于中国军网官方微信公众号头条

睫在眼前

时下，《灰犀牛》《黑天鹅》两本经济学图书很畅销。书中介绍，灰犀牛是非洲草原一种常见动物，体形笨而反应钝，但在你放松警惕时，它往往突然狂奔而来，让人猝不及防，于是“灰犀牛”成为大概率危机的代名词。17世纪之前的欧洲人都认为天鹅是白色的，直到在澳大利亚发现第一只黑天鹅，坚不可摧的信念才彻底崩溃，于是用“黑天鹅”来比喻小概率事件。

也有学者把“灰犀牛”称为可预见事件，指重大挑战能够被人们根据其发展特点、规律、趋势进行预判，从而在事前进行主动性防御，降低或化解其负面影响的事件。“黑天鹅”称为不可预见事件，指重大挑战的发展规律尚未被人们充分掌握，无法就其发展趋势和可能性进行准确预判，因而只能在事中或事后进行被动性调整。

统筹发展和安全，必须增强忧患意识，做到居安思危。这就要求我们充分认清，越是在认为不可能发生危机时，越是在疏忽大意时，越容易“栽跟头”“走麦城”，既要防“灰犀牛”，也要防“黑天鹅”，既要防看得到却视而不见的危险，也要防不可预见但又必须预防的风险。无论是哪一类险，其实都是睫在眼前犹不见。

《贞观政要》中讲：“备豫不虞，为国常道。”作为一名领导者，看不到危机往往是最大危机。风险无处不在，风险也无法避免，风险更不可怕，所谓“君子不立危墙之下”，就是要能看到风险，还要及时远离风险。唐太宗李世民有“二喜一惧”，一喜连年丰稔，二喜边鄙无事，最惧“治安则骄奢易生，骄奢则危亡立至”，得以开创贞观之治。反观明末起义军李自成，看不到风险四伏而最终失败。

工作中，在体制转轨、单位转型、任务转换等特殊时期，绝不能脚踩西瓜皮，滑到哪算哪，而要超前谋划预想，紧盯“盲区”“死角”“空当”，防患于未然，防止发生“船到江心补漏迟”之事。

1000 天的平平稳稳，既不能预示第 1001 天会发生什么，也不能预示不会发生什么，这是“灰犀牛”“黑天鹅”给我们的警示。所以，增强忧患意识，防范风险挑战，不能风平浪静就高枕无忧，而是要一以贯之，任何时候都如履薄冰。北宋文学家苏辙说：“无事则深忧，有事则不惧。”言外之意，没有危机感，危机常相伴；保持危机感，才能安稳无忧。

晚唐诗人杜荀鹤在《泾溪》中曰：“泾溪石险人兢慎，终岁不闻倾覆人。却是平流无石处，时时闻说有沉沦。”诚然，“泾溪石险”的险要之地，因为小心谨慎，往往很少发生危险，反倒是在“平流无石”看似安全之地，却时时出现事故。《道德经》云：“夫唯病病，是以不病。”意思是，只有把问题当问题，才不会出问题。只有谋工作超前预见、洞幽烛微，干工作如履薄冰、如坐针毡，强化风险管理，才能避免偶然变必然，防止侥幸变不幸。

2018 年 2 月 6 日刊登于《解放军报》

天空拥抱着大地

无论您身在何处，心依然是中国心。

无论您身葬何方，魂依然是中国魂。

今天，祖国接您回家！

今天，我们向您致敬！

今天，中国空军一架运输机前往韩国，执行接运第五批在韩中国人民志愿军烈士遗骸任务，让英灵在清明节之前魂归故里。

曾经，你们雄赳赳气昂昂跨过鸭绿江；今日，大国空军接你们回家。

一

为什么战旗美如画，英雄的鲜血染红了它。

为什么大地春常在，英雄的生命开鲜花。

多少忠魂，才换来今天山河无恙。当志愿军烈士们的遗骸，缓缓交接到礼兵们的怀抱，那一段段沉甸甸历史，不由得让人再次想起。

临别时没来得及多看妈妈一眼，在零下四十摄氏度的朝鲜穿着单衣单裤作战，冰天雪地的战场上连一把炒面都吃不上……年轻的娃娃们这一去，万水千山，征途漫漫，枪林弹雨，壮士难还，尸骨从此散落在异国的峻岭崇山。

如烟岁月湮灭不了志愿军辉煌战史，也无法屏蔽镌刻在精神册页的英雄壮举。因为它们一直都在，我们的祖国才更加厚重多彩。

每当吃苹果时，就常想到上甘岭战役一个关于苹果的故事。

不足 3.7 平方公里的上甘岭，是“三八线”上的一个军事制高点。我们的志愿军坚守着这块高地，在没有制空权的劣势下，高地得而复失，又失而复得，战士们用血肉之躯始终据守着。坑道坚守的官兵难以获得给养，每天每人只能分到半块饼干，甚至喝不到一滴水。千方百计送去的萝卜，却又容易“烧心”。

军长秦基伟焦急万分，他把个人存折上的钱取出来，在平壤买了 2 万多个苹果。密集如雨的炮火，往坑道哪怕送进一个苹果都难如登天。“谁能送进坑道一个苹果，就给谁立二等功！”这是上甘岭战役坚持坑道战阶段的立功标准。

但这个二等功实在是太难了，直到上甘岭战斗打完，只有一个苹果被送进坑道。于是，就有了我们小时候学到的课文《一个苹果》，以及那个一人吃一口的感人画面。

就是在这种极端条件下，他们书写了最壮美人生。每次烈士遗骸交接，有一个共同发现，就是在年轻的志愿军遗物中，除衣物、水壶等生活必需品之外，最多的就是钢笔和纪念章，那是英雄们崇尚荣誉的见证。

什么是“谜一样的‘东方精神’”，一个个年轻的生命，告诉了我们，告诉了世界。

二

中国远征军打进缅甸，许多军人长眠异国他乡。有人盛传那块军人的墓地常常“闹鬼”。这当然属无稽之谈，但当地人内心想表达的，也许是将士们想家的哭泣和回家的呼唤。

凤凰卫视记者秦晴历经艰难找到滞韩志愿军英烈的墓地时，突然下起瓢泼大雨，而当他们拍摄完后，又突然雨过天晴。秦晴询问同事这意味着什么，她的同事说：“这是老兵在哭啊……”

在韩国京畿道坡州市建成的朝鲜中国军人墓地，因年代久远，志愿军遗骸身份难以确定，大多只能标明是中国军人。墓地几经修缮，墓碑特意朝着北方，那是中国军人遥望故乡的方向。

关于志愿军烈士的“传说”，还有很多很多，但不变的主题就是，他们回家的渴望。

今天，你们终于回家了。我们用最崇高的礼敬，最庄重的仪式，去圆英雄们的梦。

活着的英雄要有应有的体面，牺牲的烈士更应享受无上的荣光。

有人说，没有比战鹰护航更高的礼敬，没有比魂归故里更好的告慰。静静躺在祖国怀抱里，枕着祖国的胸膛，聆听母亲的心跳，既安抚着亲人的思念，又为后人提供宝贵的精神财富。这种财富，是精神价值的力量。

叔本华曾说，人与生俱来最大的恐惧是绝对价值的丧失。烈士遗骸回国，是我们一次集体记忆的唤醒，也给我们再次树立崇高的价值坐标。

在我的母校，有一位因抢救溺水儿童而英勇牺牲的烈士，他叫吕式光。在他生前所在学员队，保持着一个不变的传统：一届届新学员来队，每次晚点名时，第一个被呼点的就是烈士吕式光的名字，全队上百名学员同时答“到”，声震长空。

一声“到”，是属于一个学员队的精神价值坐标。志愿军，则是属于我们全民族的精神价值坐标。

三

国之大事，唯祀与戎。

半个多世纪的归程如此艰难，几十年的异域漂泊物是人非，但祖国母亲没有忘记他们。

在朝鲜战争中离开我们的同胞，那一年，都很年轻。年轻得让人心痛，年轻得让人流泪，大多是20岁左右的芳华年龄，近七成牺牲时不到30岁。

如果还活着，现在也是古稀老人。如果能够亲历如今新时代中国的自信多姿，那将是多么美好的一件事情。今天之繁华，今日之喜悦，更不应忘却那些年轻的英雄。正道是“青春碧血飞，鲜花常年开，先烈英魂舞，河山揽梦来”。

在热播电影《厉害了，我的国》中，一位在也门的中国商人谈起中国海军舰队迎接他们回家时，那种感动、那种眼神，让还未走出过国门的我，也同样热泪盈眶。祖国的强大，让中国人更加自信，透过荧屏，穿越时空，传递给了每一个人。

诚如斯言，祖国的强大，不仅是对烈士回国安葬的感人之举，还有在人民危难时的温暖双手。从利比亚撤侨到也门撤侨，都在告诉我们，不管走到哪里，祖国永远是最强大的依靠。

别离依稀，重逢如魇。也许，我们没有机会到现场参加迎灵；也许，我们没有机会目睹那感天动地的场景；也许，我们没有机会献上一束鲜花。但让我们此刻用最崇高的敬意、最温暖的目光，仰望万里长空，注目英烈回家。

此刻，谨以崇仰而真挚的笔触，表达对英雄的铭记。

忠魂归国，万里长空且为英雄舞！

2018年3月28日刊登于中国军网官方微信公众号头条

走好与革命“赛跑”的改革之路

翻开《旧制度与大革命》，是在徒步去延安拉练的那天。拉练，是一场艰苦的征途。这样的征途，最适合晦涩难啃的书。选择法国历史学家托克维尔的《旧制度与大革命》，因为它不是一本历史的简要介绍，而是一本穿越历史的哲学沉思，于任何时代而言，这样的思考方式，类似的思考成果，都值得后人借鉴。

历史如镜，诚如序言中所说：“对于一个坏政府来说，最危险的时刻通常就是它开始改革的时刻。”清醒的政府，既要持续深化改革，更要大胆而审慎。苏联解体前，急于求成的改革、休克疗法的变革，就像是对病入膏肓之人一剂猛药，一命呜呼。明朝灭亡前夕，晚明皇帝也曾忧心忡忡，希冀一荡积年沉疴，反而加速灭亡。

历史事件的爆发，有时看似是一个偶然事件。但法国大革命这个如此突然、如此彻底、如此迅猛的历史变革，托克维尔还是从制度这个根本的、核心的要害处进行解读，让我们借古思今，常读常新。邓小平说，制度问题不解决，思想作风问题也解决不了。制度靠什么解决，靠深化改革解决。

一、

对于一个先进的执政集体而言，集权也许就是好事。比如，中国历史上的商鞅变法、万历新政。集权有时就像是一副牌，牌之好坏不是最重要，谁打这副牌很重要。

历史上，无数因为中央集权不够而导致内忧外患。唐朝藩镇割据导致的安史之乱，辛亥革命后的军阀混战，等等。大革命前的法国，在托克维尔看来，是高度的集权，但集权同样导致了革命。

总督作为政府一切意志在外省的代理人，一般是新封贵族，总督代理通常是平民。各省总督看似很光鲜，实际上没有任何权力，如果有人让大领主去当总督，他认为你是在对他侮辱。稍微涉及核心利益，总督决策的事情都要提交御前会议讨论。甚至小到土地上种什么农作物，有时也要提交御前会议讨论，这样的总督“有名无实”。大革命临近的岁月，御前会议判决数量更是如“雨后春笋”般蔓延。

马克思说，是中央集权制造了自己的掘墓人。特别法庭地位高于普通法庭，御前会议管理全国政府，革命前的中央集权是如此，革命后的中央集权其实更有过之而无不及。集权是不是导致革命的根本原因，这里就需要打一个大大的问号。一切的关键，都在于改革后的集权是否能够符合广大群众的利益。

作为法国最大的城市，大革命爆发前，所有的权力，所有的资源，都集中在了巴黎。当巴黎成了法兰西主人，一次骚乱就彻底摧毁了君主制。攻克巴士底狱前几天，巴黎几乎是沸腾的，而不是暗流涌动，可以说是“明流”澎湃，每时每刻都有一本政治小册子问世。这里推动着革命的发生，也在引导着全国的革命。

“破”易“立”难。常常破除旧体制，但旧体制的新形式在新体制下仍“死灰复燃”。法国大革命推翻专制，但却建立另一种形式的中央集权。成功的革命，肯定不是从一个“火坑”跳到另一个“火坑”。暴力的革命有时不一定能解决问题，温良持续的改革更符合人民的利益。

没有一个先进政党策划的法国大革命，只有太多的历史偶然性，必然书写许多历史的遗憾。

二

谁要是只研究和考察法国，谁就永远无法理解法国革命。

贵族这个名字，在中国封建时代也时常耳闻。欧洲确立封建制度的地方，贵族大多变成种姓。就像在中国古代，世袭罔替，只有随着朝代的灭亡才消失。但英国的贵族是一种精神，法国贵族则上升为一种待遇。孰好孰坏，一目了然，这得益于大英帝国持续深化的改革。

18 世纪，英国贵族承担着最沉重的公共负担，这样才有资格进入统治阶层。法国恰恰相反，贵族虽没有统治权，但享受着免税权。不是人人都喜欢参与政治，但是大多数人都喜欢金钱，贵族一旦拥有金钱特权，这样的不平等，必然导致"仇富"，走向阶级分离。"仇富"有时比"仇官"更可怕。"仇富"更容易泛化，也是老百姓内心最在乎的一种"平等"。

具有贵族统治权的"躯体"已经死了，但贵族的肢体还在靠着死亡的"躯体"致富，这不得不说是大革命爆发的重要原因。贵族制度本身并不引起人民痛恨，痛恨的是他们后来在制度设置上引起的极度不平等，痛恨的是制度僵化后再也没有进行改变。1739 年，孟德斯鸠游历英国，看到英国的贵族制度后感慨地说："我置身于一个与欧洲其他地方截然不同的国家。"

可贵族也并没有领统治阶级的"情"，佩剑贵族斥责穿袍贵族，宫廷贵族嘲笑乡村贵族，古老贵族鄙视敕封贵族，就算在贵族中间，也渴望平等，渴望从平等中走向另一个自由的王国。旧贵族竭力想保留自己的既得利益，新生的资产阶级竭力为自己谋取新特权，失语失落农民也迫切希望改变现状，被孤立的阶层最容易革命。

不患寡而患不均，点燃大革命激情的，更多的是不平等制度造成的。他们举着追求自由的"大旗"，却去抢着平等的"果实"。近代绝大多数的革命，也都逃不脱"平等"凌驾于"自由"之上"魔咒"。

你不改革，我就革命。为什么托克维尔要拿英国和法国做比较，事实上，大革命前的法国并不是民众生活最悲惨的时期，但却是社会分裂最严重的时期。就像陈胜说的那句："王侯将相宁有种乎？"相信当年法国的阶层分裂必定让民众也有类似的咆哮。

革命胜利后，大家开始满足于在"一个主子下的平等生活"，托克维尔又发出了这样的沉思："谁在自由中寻找自由本身以外的其他东西，谁就只配受奴役。"

三

改革不是一锤定音，也不能一劳永逸，需要持之以恒、反复校正。

任何一场革命，能够摧毁和重建部分制度，但深层次的思维方式和人文习俗，往往难以奏效，甚至许多制度仍然在延续。

1789 年以后，有多少过去的政治制度和习惯思想，在新法国依然存在。中国从封建王朝走向民主共和，从民主共和走向社会主义，制度不断在重建，秩序不断在重塑，但诸如"官本位"的思想还没有从根本上完全清除。

类似这样的延续法则，在《古代城市》里有一句很经典的论述："对人来说，过去绝对不会彻底死亡。人能把它忘掉，但却总是把它保留在身上。因为，就像它在各个时代的样子，它是所有以前各个时代的产物和概括。"

老舍在话剧《茶馆》中有一句经典台词："民国不如北洋，北洋不如大清。"大革命带来的法国，就验证了这句话，新生的政权并没有想象中那么完美。旧专制的打破，甚至带来的是更强大、更加专制的政府。作为一位冷静的历史沉思者，托克维尔既不盲目为革命辩护，也不是极端地对革命批判，因为他讲真话，当别人都在吹嘘一场革命史无前例的巨大意义时，他却浇来了一盆"冷水"：法国大革命的成就远较外人所想的和他们自己最初所想象的要小。

一体都有两面，托克维尔运用唯物主义辩证法去看待历史，这样《旧制度与大革命》便有了深度、厚度和温度。黑格尔说，密涅瓦的猫头鹰总在暮色中才开始飞翔。是的，观察历史，需要反思历史，反思历史需要哲学精神，这样的反思才能更接近事物的本质。

被送上断头台的路易十六，在托克维尔看来并非十恶不赦，他是一个“改革与革命赛跑”的失败者。与英国的“光荣革命”相比，法国大革命这样流血的变革，总是让人唏嘘。繁荣反而加速了大革命的到来，因而越是幸福的时代，越要警惕流血的革命，越要坚定走深化改革之路。

合上这本书，对制度、改革和革命等常见的“旧词”，又有些许“新悟”。

2020 年 4 月 30 日刊登于《空军工程大学学报》

从跟跑到领跑后的前路

29 年始终朝着一个城墙口冲锋，让华为公司领略无限风光。但近几年，他们却有一种恐慌。

这种恐慌，不是本领恐慌，也不是竞争恐慌，而是一种进入“无人区”的恐慌。

任正非在全国科技创新大会上的话发人深省：“华为已感到迷茫，找不到方向，创新进入了无人区。”

就像一名孤独的剑客，打遍天下无敌手，却满是惆怅和失落，因为不知道努力方向和未来对手在哪。一流的剑客，在赢得胜利后，一定不是在欢庆胜利，或者缅怀敌人，而是在思考未来。

这听起来似乎有点矫情做作，或者霸气侧漏。可现实的残酷告诉我们，跟着跑的确轻松，但领着跑一旦有所懈怠，可能就会在无人区被“弯道超车”。

忧　路

马拉松比赛中，跟跑者赢的概率往往大于领跑者。

这给我们敲响一个警钟。长期以来，中国的军事科研和装备发展一直属于跟跑者，装备购买、引进、仿制、再造，但随着国力增强和军事进步，看齐美西方的时代缓缓落幕。一些领域，我们已逐步进入“无人区”，成为世界军事科技领域“拓荒人”。

"拓荒人"最可怕的心态，就是懈怠，或者自足，抑或突破不了自我的藩篱。

小胜则停滞不前，小进则沾沾自喜，因为拓荒人看不到外面的世界，感受不到外界的压力，"一亩三分地"就是他们最大的天空。

英特尔公司前CEO格鲁夫提出过一个类似理论——死亡之谷。道理大同小异、殊途同归，说的是对于企业的领头羊而言，从一座山峰跨越至另一座山峰后，会面临缺乏明确指示路标、未来路程无法丈量、人心士气低落涣散等问题。这样的问题，往往是致命的。

"全部都自己做，不给外界留任何机会。"这是腾讯一直的习惯。外界盛传，腾讯所到之处，寸草不生。凭着在"无人区"的无畏探索和不甘懈怠，腾讯始终领时代风骚、处不败之地。

中国进入19世纪，国运就已开始衰落。可在18世纪，无论是军事还是经济，中国在世界上都是"领跑者"。但英国却抢先进入蒸汽时代，催生工业革命。此时的中国，还在自我满足，还在梦中沉睡。是战争，把中国睡狮惊醒。

领跑，考验的是抢跑能力、加速能力、持续能力。

在前方披荆斩棘之时，"领跑者"如不能警惕后来者，随时都有可能成为落寞人，风光不再。

问　路

真正的对手，往往不是敌人，而是自己。

突破自己的难，不仅在于突破思维的局限，也在于打破知识的局限。

小时候上几何，数学老师告诉我们，三角形的内角和为180度，这早已被奉为真理。但现代最新科学研究却表明，在宇宙宏观几何学中，三角形的内角和要大于180度；而在基本粒子的微观几何学中，三角形的内角和却小于180度。

今天，这样的思维颠覆频繁发生，领跑者能不能、敢不敢颠覆自己？

在领跑中，最怕错误地看待自己，也怕错误地判断周围。从跟跑到领跑，角色转换，心态与判断均需变换。

当今时代的生存逻辑是，先行者“海口通吃”，后来者只能吃“残羹冷炙”。马云先入为主创造淘宝，其他人就很难打造从马云碗里“夺食”的商业平台。

军事科技领域，更是超乎这种生存的逻辑。上一种战争形态还没有摸清，下一种战争形态可能即将开始。就像恩格斯预言的那样：“一旦技术上的进步可以用于军事目的并且已经用于军事目的，它们便立刻几乎强制地，而且是违反指挥官意志而引起作战方式上的改变甚至变革。”

很长一段时间，人类战争是在二维平面战场展开，因为科技的发展异常缓慢。但走过木石时代、金属时代和火药时代，走进拥有飞行器和潜艇的时代，人类渐入三维战场时代。

走进三维时代，又走进一个无人区。随着量子技术、引力波的研究，人类有没有可能进入四维战争，未来战争形态可能是我们无法想象的领域，也是一个需要在无人区摸索的领域。

但谁先踏入，谁就可能是真正赢家。技术突破一旦醒来，胜败也许就在朝夕之间。

寻　路

创新，是“无人区”的生存法则。

苹果公司先驱者乔布斯有一句名言：“领袖和跟风者的区别就在于创新。”领跑者越是面临前途不定、方向不明，越需要靠创新突破迷茫。

领袖理应领跑，领跑理应创新。不创新，就无法抢占制高点。

创新创新，关键在创，核心在新。创了，不一定有新意；有新意了，不一定创造实效。

时常翻阅各种材料，看到某某单位不是创新方法模式，就是创新制度机制。仔细一琢磨，往往毫无创意可言，看不出解决什么深层次问题。即使暂时解决了，没有长期实践检验，创新效果到底如何，也应该打一个大大的问号。

要说创新之处，只能说用了“创新”二字，有创新之名，而无创新之实。这种创新，无疑是“伪创新”，是对创新的一种亵渎。创新，不是想说就说，更不是一个万能“标签”。

“领跑”的创新，应有两种。一种是纯粹原创，也就是从“0”到“1”的飞跃，像四大发明、互联网的出现等等；另一种是改良创新，也就是从“1”到“N”的跨越。创新可以“无中生有”，亦可“有中生优”。

从0到1，美国在许多领域颇有代表性，紧抓原创的，科学技术力求以绝对“代差”跑在世界最前沿。

从1到N，德国和日本更有发言权，紧跟别人的，善于模仿借鉴，不断改进改良，这也算一种创新。

我们在“无人区”要寻找的路，必须为创新之路。

出　路

创新领跑，关键在于找到出路。

领跑，要走有效果的创新之路。据统计，中国专利申请数量连续数年位居世界第一，但转化率却十分之低，在世界排名反而靠后。如果一个创新没有效果，无异于镜中花、水中月，好看不中用。

科技强国，把创新点放在科技的“盲点”“堵点”和“痛点”上是关键。工作中，我们有很多创新点，但解决不了实际问题，解决不了现实难题，这样的创新空转空耗、白费白搭，十分不值。

创新当然不能凭空想象，必须靠双腿扎实调研，才能准确谋划。如果指导思想不端正，瞎创新，蛮创新，伪创新，领跑就会成为一句空话。

领跑，要走有质量的创新之路。不是每一次创新，都属于原创。但也只有原创性的创新，才称得上高质量的创新，才能繁花满枝。

可以说，原始创新，是最根本的创新，也是最能体现质量的创新。创新的质量，体现在其长期性和稳固性上。如果纯粹为创新而创新，把创新等同于出新点子、提新口号、玩新花样，不仅无益于工作，甚至祸害事业。

古人将一回归年的长度等分成 24 份，每一个分别相应于太阳在黄道上每运动 15 度所达到的一定位置，因而发明二十四节气。

这个属于中国人的原创，能领跑至今而经久不衰，就是因为古人牢牢把握事物发展特点规律，因而历久弥新。

原创是创新的灵魂，也是核心的竞争力。有质量的创新，要拒绝当没有“原创”的“加工厂”。

著名企业家艾柯卡说：“不创新，就死亡。”

领跑未来，创新者胜！狭路相逢，创新者赢！

2017 年 3 月 17 日刊登于中国军网官方微信公众号头条

“慢作为”中的“真作为”

政声人去后，民意闲谈中。这句名言，揭示的朴素哲理如今常成为现实镜鉴。时下，动不动就是“某县速度”“大干三百天”，甚至一月半栋楼、一年半座城，许多地方充斥着火急火燎、快干快上快出成绩的急躁氛围。殊不知，有些工作需要高效率，有些工作则需慢作为，急功近利往往易出现“短命政绩”，急于求成最后反沦为百姓“笑柄”。

近日，已“闭关”休养两年零八个月的故宫养心殿，又开始动工修缮，预计还要花费一年多时间。两年多时间里，故宫并没有“闲着”，而是在对拟参与的所有工匠进行选拔、培训、考核，最终持证上岗，这种饱含匠心的精细，这种尊重历史的态度，这种慢工出细活的从容，值得点赞，也给我们提了一个现实的醒。

三峡工程之所以能经得起历史检验，是因为这项工程从启动到开工，经过长达十几年反复论证研究，水利电力部组织专家进行研究，国务院成立审查委员会审查，提请全国人大审议，在建设中又不断改进措施，经过十八年建设，百年梦想终于化作一道截断巫山云雨的西江石壁，绘就出高峡平湖的壮丽画卷。

慢作为不是不担当，该慢作为时必须慢作为，想好了、准备充分了，有把握了再动手，而不应在乎上级催促、舆论压力，或是内心想快出政绩的冲动。肯不肯于慢作为，敢不敢于慢作为，反映的是政绩观问题。有功成不必在我的胸怀和境界，干工作就能以对历史负责的态度审慎稳妥，而不是一两年就想惊天动地，三五年就改天换地。

快也不一定好，慢未必一定就差。历史上有名的商鞅变法就是分步进行的，变法伊始推行连坐法、军功制、禁私斗，认准后雷厉风行干，使国家“民勇于公战”。六年之后才开始第二次变法，废除井田制、统一度量衡等，方才使秦由弱变强。反观维新变法，光绪在“百日维新”期间，共发一百多道谕旨诏令，有时一天就是十几道，这种疾风骤雨的改革换来的是鸡飞蛋打。改革向纵深推进，已走到“最后一公里”，涉及利益关系越来越复杂，面对的矛盾问题也越来越具体，更需循序渐进、稳步推行。

古人说：“审大小而图之，酌缓急而布之；连上下而通之，衡内外而施之。”慢作为的目的不是为了慢，而是为了稳和好，要善于权衡工作的轻重缓急，把准工作的难点症结，注重把文火慢炖与雷厉风行有机结合起来，做到蹄疾步稳、稳中求进。

该快就得快，该慢还得慢。慢作为有时才是“真作为”，也是一名党员干部思想境界的“试金石”。总想着“一炮红”，急着烧“三把火”，热衷搞“短平快”，留下个“烂摊子”，这样的作风实在要不得。

2018 年 9 月刊登于《雷锋》杂志

警惕大国小民的新版“阿Q”

应以什么态度对待我们的历史？报以足够温情与必要敬畏，无疑是对待历史应有姿态。

曾经，鲁迅笔下的阿Q，是一种“精神胜利者”的自我安慰；如今，又出现了一类阿Q，是一种“精神麻痹者”的自我作践。相同的是，两者都是同样病态。

近日，革命老区江苏连云港赣榆区，出现“日军”游街闹剧。如果这是拍电影尚情有可原，但居然是一群男子提着军刀、步枪，如跳梁小丑般，嘻嘻哈哈不知廉耻巡游，在网络引起轩然大波，警方以寻衅滋事罪对他们进行批捕。

这些年，一些怪相乱象频发，有网红女主播嬉皮笑脸唱庄严国歌，有知名博主公然侮辱志愿军战士，有无良网民恶意抹黑戍边英烈。有的被绳之以法，有的却无法问责。有的虽未触碰法律“底线”，却触及道德“红线”。因此，我们应警惕和反省的是，那些隐藏滋生对待历史的不正确态度，那些少部分人存在的不正经心态。

再好的经，没有用心去念，也会被念歪。当岁月的落英覆盖战争的遗迹，发展的潮流荡涤历史的伤痛，荒谬的“手撕鬼子”、雷人的“裤裆藏雷”等闹剧居然出现在中国电视电影等文艺作品中，伟大的抗日精神等在泛娱乐化中被戏谑被解构。把抗日作为娱乐品去消遣，用先辈的血、用先驱的魂博取关注，这样的新版“阿Q”，真的一点都不幽默。

在当前价值多元的时代，我们欣赏那些以客观、真实、理性为前提的独立思想和独到见解。但见解独到不是剑走偏锋，走向通俗不是变得庸俗，时间不是冲淡记忆的借口，和平也不能成为忘记历史的理由。正视民族的屈辱历史，正视曾经惨痛的过去，必须以神圣庄重的姿态去面对。

有血性的俄罗斯民族，每逢胜利日来临，大街上，无论男女老幼，纷纷戴上象征胜利的“圣乔治丝带”。广场上，头发黄白的“二战”老兵身穿早已熨烫好的旧军装，缀满闪闪发亮的勋章，自信昂扬地与年轻人同庆共贺。每年 11 月 11 日 11 时，英国全国民众自愿默哀两分钟，繁闹大街上，正在行走的人们会突然停下脚步，一个个低下头，手贴胸前。

如何对待过去的路，决定如何走好未来的路。曾有一档电视节目，主讲老师问：“大禹为何三过家门而不入？”学生还没反应过来，他突然给出答案：“他有外遇了。”全场居然哄堂大笑，因有其师才有其徒。清代思想家龚自珍说过，“灭人之国，必先去其史”。因此，最可怕的是，时间长了，大家已经笑习惯了，笑麻木了，甚至对不尊重历史已习以为常，我们不自觉沦为新时代“阿 Q”而不自知。

逃避自己屈辱的历史，是一种缺乏自信的反映；但歪曲或调侃自己的历史，则是一种不自重的表现。一个优秀的民族，尊重自己的历史，是文化自信自强应有之义。

2018 年 10 月 11 日刊登于中国军网官方微信公众号头条

常恐有事方无事

“平地坦途，车岂无蹶？巨浪洪涛，舟亦可渡；料无事必有事，恐有事必无事。”这是《小窗幽记》中的一则名言，意思是说路途平坦，车难道就不会翻倒吗？巨浪洪涛，小船照样可以安然渡过。预料没事必然会有事，害怕有事反而会没事。“必无事”的结果，是因为“恐有事”的防备，正如孟子所说，“生于忧患，死于安乐”。

韩国著名围棋选手曹薰铉对其天才弟子李昌镐作评价时曾指出，最容易毁掉弟子前程的是自我管理失败。李昌镐把这句话记在心中，防止盛名之下的懈怠，事事兢慎，事业如日方中。世上无顺事，居安要思危，尤须防止“平流无石处”的沉沦。现实中，有的单位安全稳定很长时间，便渐渐丧失应有警惕，对身边提醒感到厌烦，自认为高枕无忧，殊不知越在这个时候，越容易“大意失荆州”。

安全问题上，不能以过去论英雄，更不能以现在论将来。对任何人来说，59 分和 19 分一样都是不及格，“万无一失”与“一失万无”往往只在一念之差。

越是行稳越能致远，越是谨慎越能平安。凡事从最坏处准备，才能努力争取最好结果。不困在于早虑，不穷在于早豫。宁可备而不用、备而少用，也要把风险估计得严重一些，把困难想得更多一点，不忽视任何一个风险点，不放过任何一个隐患处。当然，保持“恐有事”精神状态，绝不是畏首畏尾、亦步亦趋，而是要在事业发展过程中时刻保持头脑清醒和忧患意识，立足当下而不忘远忧，处于顺境而不忘逆境。

陆绍珩在《醉古堂剑扫》中有这样一句话，君子对青天而惧，闻雷霆而不惊，履平地而恐，涉风波而不疑。美军第二十二条军规中说，好走的路都会被埋上地雷。当然，难走的路也可能被埋上地雷。踩不踩雷的关键，在于有没有“避雷”的警觉。

从根本上讲，“恐有事”是一种底线思维，是未雨绸缪的体现，也是处事智慧的彰显。工作中，我们要有防范风险的先手，也要有应对挑战的高招；要打有准备之仗，也要打战略主动仗。党的七大召开时，抗战胜利在望，全党空前团结，但毛泽东同志却以强烈的忧患意识，列举革命可能遭遇的“十七条困难”，并据此提出应对措施。正是有了这种充分思想准备，才为我们党后来赢得革命战争的胜利奠定坚实基础。

见兔顾犬、亡羊补牢，是为下策；积谷防饥、曲突徙薪，方为上策。革命前辈谢觉哉说得好：“明知事要来而迎上去做，是占了先着；即知其不一定要来而也迎上去做，更是占了先着。”无论什么时候，都要让“恐有事”成为心中的“紧箍咒”，把各种困难预估得更充分一些，把风险挑战认识得更到位一些，备好抵御和应对风险的“工具箱”，才能成功闯过急流险滩、避开暗礁漩涡，做到“任凭风浪起，稳坐钓鱼船”。

2022 年 3 月 29 日刊登于《解放军报》6 版

“留不常迟”的快慢辩证法

唐代大书法家孙过庭在《书谱》中有言，“违而不犯，和而不同；留不常迟，遣不恒疾”。意即停顿时不要很迟缓，发送时也不要太急速。换而言之，就是表现慢的时候不能一味慢，而要兼顾快。骑自行车的人都知道，自行车骑太慢了就容易倒下来，必须保持一定速度，才能在运动中保持平衡，得以行稳致远。但速度过快时，又容易失去控制，走到危险边缘。快与慢，不是各自孤立的，而是对立统一的，也是辩证互补的。慢中无快，失之于速。快中无慢，失之于稳。我们追求“快刀斩乱麻”，也讲究“慢工出细活”，一个基本共识是，快有其必要，慢也有其价值。

快慢不是一对冤家，而是一对亲家。我们不能因为求进忽视慢的考量，也不能因为求稳轻视快的节奏。有的工作，须当断则断，没有慢功夫可以拖，错过窗口期和机遇期，就失去最佳处置时机。长征途中，红军飞夺泸定桥，昼夜行军 240 里路，以快制快突出重围，如果慢一分钟，后果不堪设想。有的工作，则必须久久为功，欲速则不达，条件不到、火候不佳、时机不对，快了就只能栽跟头。针对抗日战争中国内存在的“速胜论”观点，毛泽东同志在《论持久战》中深刻指出：“没有一定的条件，速胜只存在于头脑之中，客观上是不存在的，只是幻想和假道理。”

馍馍熟了再揭锅，磨刀不误砍柴工。慢是为了慢出质量，而不是为了消耗和拖延时间。慢起来就要有慢起来的样子，要有认真探索的态度，有谨慎论证的精神，有民主决策的环节，有文火慢炖的精细。慢得好了，不仅能走得更稳，还能走得更快。慢一点是为了更好地快一点，把疑难问题、复杂课题庖丁解牛式彻底解决，后面工作自然游刃有余、迎刃而解。长江三峡工程，从设想到规划、从勘测到论证、从建设到运行，论证内容之多、之全面世所罕见，对专家每一个不同意见都给予充分重视，用慢为快创造条件，用慢为快打好基础。

行动是最美的风景。中国曾用日夜兼程的拼劲和风驰电掣的干劲，以最短时间走完发达国家两百年走过的工业复兴之路，干成许多过去想干而没有干成的事情。“时间就是金钱，效率就是生命”的标语，引领深圳蛇口闯出改革开放的新路，没有“快”，就没有我们今天的发展成就。我们以“快”抓住“良机”，以“慢”规避机遇中的“危机”，用“快”推动“慢”的发展，用“快”实现“慢”的转变，把握好“快”和“慢”的节奏，最终达到“快”的目的。

任何事业都难以一蹴而就，都是循序渐进、量变积累的过程。“涓流积至沧溟水，拳石崇成泰华岑”，如果说慢是战略，那么快就是战术，战略上反复思量，战术上才能狂飙突进。快与慢紧密结合，以慢促快，以快防慢，二者交织，才能谱出和谐的旋律。我们先慢下来、静下来，才能让自己快起来；我们快起来、干起来，才能让我们的慢起来有意义。

2022 年 9 月 23 日刊登于《解放军报》思想战线版

兵心之识　书法题字：

中国书法家协会理事　李洪海

也说“铁一般”

做到铁一般信仰、铁一般信念、铁一般纪律、铁一般担当，是改革强军的现实召唤。仔细分析，无论是践行“三严三实”，还是坚定“四个意识”，要想在思想和行动层面落地深扎根、开花结实果，都应牢牢把握四个“铁一般”的熔铸于心、落地于行。学习和实践中，大家往往关注信仰、信念、纪律、担当这四个耳熟能详、反复强调的主题词，却忽视对定语“铁一般”的思考和评判。那么，到底什么是“铁一般”？

铁因至纯，方才不锈。勇当改革强军的“一块铁”，就要在提纯忠诚度中坚定自我。钢铁易锈，是因在炼制过程中混有少量的碳杂质。人的信仰容易生锈，是因为政治定力不足而导致思想出现杂质。生锈的铁，人们弃如敝屣，生锈的人更是一文不值。中共中央早期领导人顾顺章和向忠发先后叛变，甚至没有严刑拷打、没有威逼利诱，就出卖自己的灵魂、出卖自己的组织。原因就是，他们的思想早已生锈、信仰早已腐蚀。生锈的人下场如何呢？顾顺章叛变后，摇摆于中统、军统之间，蒋介石将其秘密处死，年仅31岁。向忠发因供不出更多有用的信息，蒋介石下令就地枪决。行刑前，他跪在地上苦苦哀求。

和平年代，意识形态领域斗争仍然激烈，那些背离党的宗旨、违反党的纪律、损害党的形象的人，与叛徒又有什么区别。思想上的不坚定源自理论的不清醒，我们要在学习中思想提纯，学理论、用理论，在学习中认清大势，在学习中明辨是非，在学习中坚定信念，提纯忠诚度，做一块永不生锈的铁。

如果说，烈火的高温可以改变铁的形态，但铁的本质不会变；如果说无情的岁月可以侵蚀我们的模样，但内心的信仰不会变。

铁因刚硬，方显本色。勇当改革强军的“一块铁”，就要在敢挑千斤担中挑战自我。铁，是刚硬的象征，因为刚硬，才体现它的本性和本色。大家常说军人是铁骨铮铮，那么军人的刚硬体现在哪里、本色是什么？军人的刚硬和本色就体现在铁骨克难和铁肩担重。当前，正处于改革“深水区”和“攻坚期”，必然会碰到各种想象不到的困难，如果遇到困难绕着走、碰到难题往后退，那绝不是应有的作为与担当。

从土地革命战争到抗日战争，从抗日战争到解放战争，从解放战争到抗美援朝，中国军队经历数不清的战役战斗，有成建制牺牲的，但是却没有成建制投降退缩的，哪怕一个连一个排都没有。战争年代，军人的担当是战胜对手；和平年代，军人的担当是准备战胜对手。在困难和挫折面前，必须以破釜沉舟的胆魄、中流击水的拼劲、逢山开路的勇气，敢闯敢试、敢作敢为、敢干敢当，不当困难面前的“低头人”，甘当攻坚克难的“排头兵”。

改革阵痛之时，正是检验担当之际。坚决服从组织安排，愉快脱下军装，是一种担当；留在军队，挑战自我，时刻为打赢准备着，也是一种担当。

铁因可塑，方堪大任。勇当改革强军的“一块铁”，就要在保持创新力中重塑自我。铁可以炼制成各种形状，可以适应各种生产生活的需要，所以始终发挥着巨大作用。明者因时而变，知者随事而制。如果思想迟缓不知变、素质僵化不可塑，一定会被扫到历史垃圾堆里。清朝闭关锁国，被西方工业革命甩出一个时代还不自知，当炮火已经攻入国门时，仍做着天朝上国的美梦。虽然也有洋务运动，但是改器不改制、变事不变法，脑袋上辫子去掉了，心里的辫子还留着。

意大利军事理论家杜黑说过：“胜利向那些遇见战争特性变化的人微笑，而不是向那些等待变化发生后才去适应的人微笑。”身处改革强军的时代，也是一个不换脑就换人的变革时代。只有主动变革、自我革新、勇于超越，才能跟上世界军事发展潮流和改革强军步伐，才能不辜负这个伟大的时代。

曾经，常说当好党的一块砖，哪里需要哪里搬，那是一种服从的被动。在改革大考面前，要当好党的一块铁，哪里需要哪里钻，哪里需要哪里担。

2016年5月5日刊登于《空军报》头版

指尖“问号”

手机的智能化，让手游应运而生。

一个不争的事实是，手游已成为风靡流行的文化娱乐形式。据调查显示，80% 以上的年轻人表示玩过手游，资本扩张幕后，沉迷使用背后，有多少乐此不疲的双手，又有多少茫然空洞的眼神。

手游与网游，到底有多少不同？从本质上来看，两者并没有太多区别，都是游戏，都依托网络。唯一不同，即相比网游而言，手游玩起来更便捷，更易挤占年轻人碎片化时间。

PK、升级，都是手游惯用的伎俩，它很好地迎合年轻人解压、炫耀和征服的欲望。暴力、血腥、色情等内容也契合人性中本我的低阶需求。虚拟世界里，年轻人可随意重塑自我，肆意展现自我，因而甘之若饴，手不释机。

对于手游，我们既不能视之为洪水猛兽，乱棍打死，因为手机早已成为官兵形影不离的“掌中宝”。从曾经的网游管理教训来看，一味堵，往往带来更大负面效应，愈堵反弹愈厉害，官兵愈趋之若鹜，因沉迷网络游戏而直接或间接导致违规违纪情况时有发生。但也绝不能置若罔闻，搞“鸵鸟”政策，任其滋生蔓延。回避问题，无助于解决问题。低俗的内容，成瘾的趋势，倒逼我们必须提高警惕、筑牢防线，扬长避短、为我所用。

不可否认，一些优秀军事题材网络游戏，对于开发官兵技能、提高战术素养，具有积极作用。我们认识到，却未有效做到。比如，开发的很多军事题材游戏，官兵往往不买账，成为“僵尸”游戏。不买账的背后，是因为它们要么是对一些商业网游低层次模仿和复制，或大同小异，或照搬照抄，除背景图和文字变得更有“军味”，本质上并无太大不同，成为名副其实“山寨版”。

众所周知，美军的数字化装备日趋复杂，但官兵适应这些装备需要多少时间？曾有人问美军第一个数字化师的士兵，他当场回答：两个月。当问其为何能如此快时，这位士兵说：这些跟我玩的网络游戏差不多，所以很容易。其实，军事网络游戏在国外已十分成熟，并广泛应用于教育训练。美国陆海军都组建军方专属的“电脑游戏开发公司”“战争游戏研究实验室”，经典的游戏《美国陆军》《三角洲部队》等已被美英等国军事院校指定为培训教材。

从国外重视程度看，许多外军官兵在实战之前，就在虚拟战场上“拼杀”过。在俄罗斯，利用电脑游戏练兵也渐成风气，而且很有自己的特点，即格外强调对抗难度。有资料显示，美派往伊拉克140多万人次军人中，有八成受过游戏培训。在美国空军，这一比例甚至为百分之百。

抢占意识形态制高点，抢夺手机游戏的兴奋点，绝不是重复别人的路，而是创新走好自己的路。手游的竞争，其实也是文化高地的竞争。我们不仅要主动占有官兵的业余时间，更要占领官兵的精神世界。我们有厚实的文化积淀，有辉煌的战史战例。这些，都是我们用之不尽、取之不竭的宝贵资源，都是我们可以融入手机游戏的重要素材。

但是，有了好资源，不代表就能用好资源。我们需要更为强大的运营团队、更加出色的设计理念、更能吸引眼球的游戏内容，走好军地合作之路，充分利用地方在网络游戏开发运营上的有益经验，方能创作出集政治性、教育性、知识性、趣味性于一体的好手游，有效传递向上向善的价值观。

柏拉图在《法律篇》里说，“让最美丽的游戏成为生活的真正内涵”。官兵指尖的手游，如果充分内含我军历史、内蕴我军精神、内嵌我军英雄，手游价值必将发出新的光芒。

2016 年 11 月 25 日刊登于《解放军报》

热血寒冰

春节是什么？

当然，是游子归家的脚步，是万家灯火的轻舞，是碗里团圆的温度。

当然，还可以是边关冷月的钢枪，可以是界碑凝霜的守望，可以是哨所不灭的灯光。

又是一年团聚日，又到一年春节时，举国同庆，万家团圆，街头渐次挂满喜庆的灯笼，暗红灯光映照在中国人喜悦的脸上。在新疆边防线上的战士们，他们也发来一组“迎新春”照片。

照片，多少有点新奇，也有点遥远，还有一点辛酸。

因为雪的存在，画面很干净，主题很突出。

一位战士想喝牛奶，奶水结成了冰块，无奈撕开包装用嘴唇的温热去暖化。

一匹军马眺望远方，胡须冻出了冰碴儿，只能小心翼翼地喘着缺氧的粗气。

一次例行巡逻途中，战马陷进了冰雪，缰绳勒破的手套用力拽回前行的方向。

边防的照片与我们的现实，恍若两个世界。他们骑军马、迎暴雪、斗寒风，青春的面庞没有丝毫忧愁与妥协，冻僵的脸庞写满坚毅与纯真。

他们有的已在这里驻守很久很久，有的可能只是刚入伍的“90

后”，但他们都有一颗滚烫的心、一身沸腾的血。

“十年饮冰，难凉热血。”梁启超在《饮冰室合集》里如是说。作为一种液体，血终究会变凉。但它如果能够在有精神的人体内流动，一定会始终迸发激情活力和澎湃动力，永不停歇，永不降温。

在风雪肆虐、崎岖不平的边境线上，军马是最好的巡逻工具。正因这一种古老的交通工具，让我们更容易忆古思今，更容易怀念曾经那些壮美的军旅边塞诗词。

表达统一愿望的誓言“万里遐方获此乐，不妨终老在天涯”；抒发边塞情怀的豪语“会挽雕弓如满月，西北望，射天狼”；饱含对边关大好河山的讴歌“五月天山雪，无花只有寒”；充盈卫国戍边的感慨“落日照大旗，马鸣风萧萧”。

无论是愤激与沉郁、雄浑与自豪，抑或是苍凉与幽怨、萧瑟与悲苦，字字句句，都洒满热血，令人热血沸腾、血脉偾张，欲跃马横戈、折戟断刀。

文字里，写的是诗人的情；鲜血里，流的是爱国的心。

两汉时期，苏武出使匈奴，匈奴言而失信，苏武无奈被扣，誓死不肯降服。

这一扣，就是 19 年。

19 年的流放，苏武在西伯利亚贝加尔湖一带，渴饮月窟冰，饥餐天上雪，寒偎羊群窝。

19 年的沧桑，苏武的容颜写满了苦楚，曾经神采奕奕的大国使臣，回到京城时已发白如雪。

唯一不变的，是出使匈奴时汉武帝交送的大使旌节。色已褪、毛已脱，但节仍在、气犹存。

苏武的赤子之心始终没有变色，满腔热血从未变凉。无论西伯利亚的风雪如何残酷，无论喝进嘴里的雪水如何冰冷，他都用一颗滚烫的心去融化身边的一切。

两千多年过去，时过境迁，沧桑巨变。我们可爱的战士们，也在同样艰苦的环境，去书写属于他们的热血青春，去融化他们身边的一切，去演绎他们的家国情怀。

类似疑问，曾困扰心间。为什么在家都是享受无尽疼爱的掌上明珠，走进边防就开始懂得坚守？为什么曾经叛逆不羁的追风少年，穿上军装就学会追逐崇高？为什么昔日最喜霓虹闪烁的青年一代，迈入军旅就学会与星月雪马孤独为伴？

因为心中有爱，才能用心守候。

有你才是家，有你才算过年。他们也爱他们的家人，他们也渴望回家过年。每一位战士，背后都是一个家，背后都有亲人牵挂希冀的目光。但他们更爱自己的职责，爱自己的军装，爱自己的祖国。

虽然，因风吹日晒，他们的脸显得比同龄人更加苍老。可他们并不在乎，仍坚持用深浅不一的巡逻脚印，让遥远的边防线上不再孤独，让我们感受到这里仍是属于我们的领土。

每一次披星戴月，每一次战风斗雪，每一次巡逻放哨，每一次生死抉择……难忘镜头的背后，都有无数的大爱与崇高。

边防之所以人迹罕至，是因为本就不适合人类生存，但却更需要军人去当好祖国的“界碑”。一位领导曾说，在他当团政委时，有个营驻扎在荒岛。春节时，一位军嫂来部队探望丈夫，本想搭一下团里送淡水的船，却不巧遇上台风，这一刮就是半个月。夫妻二人只能隔海相望，你在那头，我在这头。你守望着祖国，我守望着你。

在新春的钟声即将敲响之际，不仅在边防，其实在祖国任何一个部队，都有警惕的目光，都有挺拔的军姿。当然，他们的心里，也都藏着一张回家过年的车票。

大漠，烽烟，黄沙，落日，孤城，雪山，是古人边塞军旅诗词的常用意象。

平安，团聚，安宁，喜庆，和谐，幸福，是现代军人用坚守献给新春的最好礼物。

2017 年 1 月 26 日刊登于中国军网官方微信公众号头条

铁血“四维”

不是每个人都能成为英雄，英雄需要功绩；也不是每个人真想当英雄，英雄常常意味牺牲。

但在每个人内心深处，或浓或淡，都有英雄的情结。

铁血将军杨靖宇，就满足了无数人对英雄的遐想和定义。

最好，英雄当有颜值。他身高一米九，瘦而壮，国字脸，即使藏在茫茫林海中，也像一面挺拔的旗帜。

当然，英雄要有本领。他是神枪手，用手枪能在200米内将人头顶上的苹果击穿，令敌人闻风丧胆。

无疑，英雄必有血性。他断粮仍驰骋，孤胆任纵横，在白山黑水间与敌人周旋五昼夜，最终以身殉国。

但这一切，却不是杨靖宇的全部。我们记住的，往往是他最伟大最令人扼腕的最后战斗历程。在杨将军殉国纪念日里，让我们真正走近他，走进东北抗联。

稚气·正气

那是一个需要英雄，且一定会产生英雄的时代；那也是一个不论年龄，且年少即可称雄的时代。

杨靖宇的军事统筹能力和坚定革命信念，不是突然而至，而是早就崭露锋芒。

吉林靖宇县，是一座以英雄名字命名的地方，它本叫濛江县。

可杨靖宇本来并不叫杨靖宇，甚至连姓都不对。历史很有意思，记住了他的假名，却遗忘他的真名。

他叫马尚德时，22 岁创建全国第一个县级民主政权，23 岁创立红军后三次打退过敌人“围剿”。

他叫张贯一时，以河南省委特派员身份开展地下工作，又将抗日种子播在东北黑土地上。

他最后才叫杨靖宇，朝鲜语为“驱逐外敌”，用自己的名字，表达抗日决心和信心。

日本对东北抗联切齿痛恨，欲举全国之力，绞杀杨靖宇。他们组成四支讨伐队，采取“擒贼先擒王”战术，专打抗联，专抓杨靖宇。

也是因为敌军的这个思路，为保护抗联一路军，杨靖宇选择留下掩护突围，却陷入重重包围。

2 月 22 日，是那一年传统中国灯火阑珊的元宵夜。杨靖宇将军躲在漆黑如墨的深山里，度过他人生最后一夜。

2 月 23 日，在一棵大树旁，杨靖宇将军胸膛中弹，高大魁梧的身躯虽倒下了，眼睛却怒视着每一名日伪军。

群山为之俯首，万木为之悲鸣。

送到医院解剖时，胃肠中一粒粮食都没有，解剖医生手术刀惊落在地，在场日本人大惊失色！

就算是敌人，也同样敬畏英雄。杨将军精神气节的力量，无法征服的力量，对敌人是致命的打击！

“讨伐”副司令野副昌德之后天天做噩梦。亲自指挥缉捕杀害杨靖宇的岸谷隆一郎开始怀疑所谓“圣战”正义性，战败后剖腹自杀。

幸运 · 命运

历史与我们的想象，有时总是不太一样。杨靖宇留在东北抗日，完全属于一次历史的偶然。

对于东北抗联来说，这当然是一次历史的幸运；对于杨靖宇来说，则是一种悲壮的命运。

在河南遭受了牢狱之灾的杨靖宇，组织反复审查之后，确定他是忠诚的、纯洁的、可靠的。中央决定，安排他赴苏联军事留学。

在东北待命准备出发的杨靖宇，由于中苏突然断交无法办理签证，他选择留在满洲抗日。

一心抗日的杨靖宇，曾两次试图西征，打通东北与关内的抗日通道。

第一次，受到日军的阻击无功而返。第二次，本想利用辽河结冰的机会突袭，可天公不作美，当年气候反常，不仅无冰，河水还暴涨，西征再次失败。

看来，幸运不是总会眷顾正义之人、正义之事。

面对敌人疯狂围剿，面对西征反复失利，野无炊烟，路断行人，杨靖宇只能带着抗联依靠林海雪原，开展游击斗争。

从进监狱次数来说，杨靖宇刷新了高级将领纪录。

五次入狱，受尽折磨，遭尽拷打。上过大挂，压过杠子，坐过老虎凳，就是没屈服过。

当然，敌人可以放过马尚德，也可以放过张贯一，但绝不会放过杨靖宇。幸运的是，在牢里没人知道他就是未来的杨靖宇。

斗智斗勇，历经百战。每一次，杨靖宇都能率部队巧妙避开日军锋芒，不但生存下来，而且还反复重创敌军。

杨靖宇的幸运是别人给的，杨靖宇的命运也是自己可以选择的。

在最后最艰难的抗争中，有同志建议杨靖宇撤退到苏联或躲到长白山，他婉言谢绝。“哪怕剩下一个人，也要坚决抗战到底。”

这句话，说出来，就不再期望幸运的眷顾，而是选择命运的归宿。

血性·奴性

日本铁骑下的中国，是黑暗、无助、没有希望的年代。

美好与毁灭、光明与黑暗、灰心与信心、挫败与胜利、忠诚与背叛，对于国家的前途和命运，有多少人万念俱灰、心灰意冷啊！

幸好，历史还有杨靖宇这样的英雄，用生命点亮前行的灯。

当然，历史也有无数汉奸和带路党，试图将星星之火浇灭。

历史总是让人唏嘘不已，却又常常让人拍案而起。

其实，杨靖宇并不是死于日本人手里，他是死于同胞告密。

告密的人有很多。有一师师长程斌，他带着人把杨靖宇在深山老林藏匿的密营全部破坏。有亲如父子的贴身警卫张秀峰，他熟悉掌握杨靖宇突围路线和活动规律。有第一师机枪射手张奚若，他直接射杀了杨靖宇。有看似憨厚的当地村民赵廷喜，他上山砍柴无意发现杨靖宇后通风报信。

每一个人，都是杨靖宇曾经最信任的人；每一个人，也是在和平年代都显得忠诚质朴的中国人。

大浪淘沙，才能看出谁是金子；国难当头，才能分辨出忠奸。

人性苟求生，血性无惧死。

什么在违反人性？是精神的力量，让血性超越人性。也是精神的堕落，让人性沉沦为奴性。

人常说，识时务者为俊杰。杨靖宇选择的是识国家危亡的时务，而有的人选择的却是识个人利益的时务。

有一段对话，足以载入史册。

农民赵廷喜对杨靖宇说："我看你还是投降吧，如今'满洲国'不杀投降的人。"杨靖宇沉默片刻，说了一句朴素平常却又撼人心魄的话："老乡，如果我们中国人都投降了，还有中国吗？"

苦难与辉煌，往往相生相依。

无论是活在幸福的当下，还是奔向复兴的征程，我们都应永远记住杨靖宇将军，永远记住杨靖宇将军的那句话。

8 年 · 14 年

去年，国家教育部将 8 年抗战一律改为 14 年。

这一小小改动，东北抗联等了很多年。8 年，特指全国性抗战；14 年，则涵盖了东北 6 年的局部抗战。这是对历史的敬畏和还原，也是给东北抗联最好的告慰。

这一小小改动，让历史有了“抗倭十四载，血战乾坤赤”的新共识，让历史更加绕不开、忘不了抗日英雄杨靖宇。

作为东北抗联的创建人和领导人，杨靖宇只活了 35 岁。

但短暂的 35 年，在中国的抗战历史上，却留下了永恒的轨迹。他的英名，将永久镌刻在中国的英雄谱上！

1934 年，他联合 17 支抗日武装成立抗日联合军指挥部，任总指挥。这样的地位，不是中央委派来的，而是自己干出来的。由于他成立的独立一师越战越勇、越战越强，大家一致推举他为东北抗联总指挥。

从 1931 年 9 月 18 日起，杨靖宇就带领他的战友们，林海雪原，浴血抗战，牵制日军。此时，距 1937 年的“七七事变”，还有 6 年。

东北抗日联军在中国共产党的领导下，孤悬于敌后，与数十万日本侵略者进行了长达 14 年的殊死搏斗。

当时的政府，没给一颗弹，没给一支枪。杨靖宇带领的东北抗联想吃一粒粮食，都要用生命去换。

火烤胸前暖，风吹背后寒。在风餐露宿、食不果腹的环境中，东北抗日联军对日作战 10 万余次。

彭真同志曾说：“东北抗联的斗争，是中国革命的三大艰苦之一，它与两万五千里长征、赣南三年游击战争一样，值得称颂。”

当共和国的红日从东方徐徐升起，哈尔滨最早迎来新时代的黎明。第一个拥抱祖国的城市的人民，他们的脑中一定会情不自禁想起杨靖宇那群英雄。

2017 年 2 月 23 日刊登于中国军网官方微信公众号头条

痛点意味着“突破点”

当安卓和 iOS 系统成为用户挚爱，曾经的手机“老大”诺基亚还热衷于塞班系统。当触摸手机迅速占领市场，诺基亚还在使用笨拙的物理按键手机。诺基亚曾经超越摩托罗拉，却没有超越自己。

信息化时代的市场经济，找不到“突破点”就意味着失败，诺基亚便是如此。诺基亚习惯在擅长领域原地踏步，却始终不愿意放低身段，在“痛点”上重新学步，导致一败再败。

“痛点”一旦突破，又何尝不是“突破点”？生产“全球鹰”无人机的格鲁曼公司，无人机原本不是它的主业。作为美军火界巨头之一，格鲁曼公司的雷达与军舰制造是其优势。但面对军工市场激烈竞争，生产出“全球鹰”无人机的格鲁曼公司并没有坐享其成，而是继续爬坡过坎、长途“奔袭”，去年又宣布将帮助美空军研发可安装在现有及未来战斗机上的新型防御武器。格鲁曼公司的经验告诉我们，如果因为怕“痛”而裹足不前，今天的“短痛”就会变成明天的“长痛”。反之，克服今天的“短痛”，必定会迎来明天的突破。

一个企业的气质，往往藏着一名企业领导的追求。格鲁曼公司领导者休格最热衷的事，就是兼并、整合，大鱼吃小鱼。当他抢购大量先进领域的龙头企业后，他甚至高兴地对员工说：“我们已经拥有所有‘乐器’，下一步就是让整个乐团高奏凯歌。”

也许有人质疑，“全面撒网”是不是意味着容易失去核心竞争力。这未免显得有些短视，企业的核心竞争力并非只能固守一个领域、死守一座城门，而在于做什么都要做到极致。

美国有一个不成文的规定，要求军工企业必须有多种高新技术，以提高对武器及作战系统的集成能力。武器装备的制造注定是高科技密集，科技之间存在高度的关联度和耦合度，并不是“一招鲜”就能“吃遍天”。造飞机的加不了数据链，造军舰的加不了好雷达，估计很难有核心竞争力。当然，要在自己不擅长的领域去行事，过程是痛苦的，但“痛点”往往意味着“突破点”。

有着130多年历史的胶卷巨人——柯达影像产品公司，面对科技浪潮对传统产业的冲击，始终无法割舍自己的胶卷产业，漠视市场规律的变化，轻视客户的需求，等到幡然悔悟时，早已时过境迁，一个商业名牌终究衰落。

固守一隅，犹如把所有鸡蛋放在一个篮子里。同为柯达对手的日本富士达公司，面对产业变革成功开辟化妆品业务；乔布斯在苹果面临危机时，选择改进音乐播放器。

其实，真正需要融合的不仅是企业与企业之间，更重要的是产业与产业、技术与技术之间，这才是武器装备创新发展的“突破点”和“增长点”。格鲁曼和富士达公司是成功的，他们的“痛点”没有变成盲目选择，而是成为创新的“突破点”。

2017年5月26日刊登于《解放军报》

甲午“三败”

124年，狼烟犹在。

谈起甲午，印象中最深的，莫过于幼时看到电影《甲午海战》中，民族英雄邓世昌抱住爱犬随“致远”舰沉没于茫茫大海，遂了“人谁不死，但愿死得其所尔”的愿，更为中日甲午海战增添一份悲情。但其实又何止是那一份悲情，还有3000余名官兵血洒海疆、无数战舰沉没万顷碧涛的悲壮。

那一战，是中国人难以痊愈的伤口、难以挥去的梦魇，也是中华民族命运的分水岭，从此江河日下、日暮途穷。

通常，以天干地支年份命名的历史事件，如戊戌变法、庚子赔款、辛丑条约……往往都有着重大而深远的历史意义，通常是一个时代的标志，一个特殊的符号，一个历史的转折，更值得我们深思。

改革之败：一流的器物与二流的制度

从某种程度说，甲午战争是对中国洋务运动和日本明治维新改革成果的一次“大检验”和“大阅兵”。

都是从欧洲进口的海军装备，都毕业于西方一流海军院校，都是同样的“海龟派”，却打出天壤之别的战绩。北洋水师几乎全军覆没，却没有击沉一艘日本海军战舰，苦心经营的北洋海防体系荡然无存。

画虎画皮难画骨。改革，从来就不是一场形式上的变革，而是思想深处的革命。大清帝国虽有世界上最先进的装备，但脑袋上的“辫子”还在，脑子里的“祖训”还在。据研究，晚清时期每一种比较先进的思想从提出到得到朝野人士认可，通常要几十年的时间。

明治维新后的日本，推动了真正意义的现代化。我们买了坚船利炮，但在军事理念、编制、训练方面只是选择性接收，表面上是脱胎换骨的新式陆军与海军，但换汤不换药。就像车尔尼雪夫斯基评价彼得大帝的改革：“大胡子剃掉了，德式西服穿上了，但是留大胡子、穿旧式服装时期的思想却留下了。”

北洋水师的创建，与鸦片战争、中法战争的战败有密切关系。面对海上力量的巨大悬殊，清政府发出“造船不坚，制器不备，选将不精，筹费不广”的“四不”感叹，却忽视最关键的“制度不新”。晚清名臣李鸿章也曾大言不惭：“中国文武制度，事事远出西人之上，独火器万不能及。”

红军长征、抗日战争、抗美援朝，哪一个不是装备和经费都远落后于敌方，但我们因为有“支部建在连上”等一系列先进军事制度，不断创造出一个又一个奇迹。解放军是靠新体制与旧装备相结合走向胜利，晚清是以新装备与旧体制相嫁接走向失败。

高层的“惰性”，“半吊子”的改革，终究不能挽救大清帝国的命运。甲午之败，何尝不是败在改革的不足和局限。

光是器物层面的改革，光是形式上面的革新，看似轰轰烈烈，其实没有思想之魂，只是一潭死水而已。

人心之败：精致的“私心”与消逝的“公心”

人没有私心很难，但作为官员，私心重则于国于己无益。

晚清中兴名臣曾国藩有段时间十分纳闷，为什么自己手下纷纷投靠胡林翼。曾精准预言大清帝国不出 50 年必灭亡的天才幕僚赵烈文，用一句话点醒曾国藩："合众人之私，以成一己之公。"

大意是，你的理想很高远，一心为国，但凡夫俗子就是想捞点实惠，如果你不能满足别人的私心，自然成就不了自己的公心。曾国藩恍然大悟，从此对手下之人贪污腐化听之任之。

赵烈文之语，乍一听言之有理，但他只是站在曾国藩的角度，而没有站在国家与民族的高度，如果大家都这么算计，国终将不国。

同样，且看甲午战争中的几位"实权派"。醇亲王奕譞为让儿子光绪皇帝继续平安掌权，曾经"面诤泣谏"反对慈禧修圆明园，后来挖空心思挪用海军经费满足慈禧私欲。曾经的"主战派"、一代帝师翁同龢因一己私怨，为从权力上制衡李鸿章，作为户部尚书的他将海军装备购置费停支两年。北洋大臣李鸿章在选择北洋海军统帅时，不是选择已从英国海军留学归来的才俊，反倒选择出身陆军的老乡丁汝昌。

上自庙堂大臣，下至地方小吏，皆利己营私，各怀鬼胎。

细思极恐，此时的海军，早已不是强国强军的砝码，而是政治角逐的筹码。作为棋子的北洋水师，怎能不败？

大家都在想自己的事，没有人想国家的事。反观日本，从天皇到百姓，举国节衣缩食建设海军。日本天皇甚至取消车马仪仗与宫廷歌舞，将一日三餐减为一日两餐。

把这个庞大帝国推向历史深渊，不是别人，而是每一个人都出了一把力。

同样是中华民族，想想曾经的大秦帝国，是如何同仇敌忾："岂曰无衣，与子同袍。王于兴师，修我戈矛。与子同仇……"神州大地弥漫着尚武精神，举国上下充盈着爱国情怀，那是一个人人有私心的朝代，那更是一个人人有公心的时代。

风气之败：堕落的“军风”与虚空的“训风”

甲午战争，可以挖掘失败的原因很多，但风气之败，难辞其咎。

而堕落“军风”与虚空“训风”，绝非空穴来风，这些风气产生于不良的时代风气，成为最适宜的“温床”。1894年，有一位在中国混迹多年的日本间谍宗方小太郎在《中国大势之倾向》报告中描绘：庸官俗吏献媚当道，清廉高洁之士多不容于时流。

常入鲍鱼之肆，少闻芝兰之香，军队岂能独善其身。

《北洋海军章程》有规定：“总兵以下各官，皆终年住船，不建衙，不建公馆。”而事实上呢，总兵以下带着老婆孩子大多在刘公岛盖铺屋，心不在舰，人更不在舰。

保养经费也没有用在保养上，大多被中饱私囊。英国远东舰队司令弗里曼特尔看到后说：“中国水雷船排列海边，无人掌管，外则铁锈堆积，内则秽污浪迹。”

军舰用来载货载客，参与走私人参。1886年，北洋舰队访问日本长崎，官兵上岸跑到妓馆闹事，引发事端，十余人伤亡。如此有损军威之事，李鸿章只是轻描淡写地说：“武人好色，乃其天性，但能贪慕功名，自然就我绳尺。”

这样的北洋水师，怎能经得起甲午一役。

一个国家，最重要的是风气。一个军队，同样如此。风气，是源头，好风气能荡涤沉疴，坏风气会迅速蔓延，销蚀意志，消解斗志。

每次演习打靶，充斥着“假大空”。“预量码数，设置浮标，遵标行驶，码数已知，放固易中。”训练弹很多，但能作战的炮弹微乎其微。以至于甲午战败后，一度有人怀疑日本舰船没有被击沉的原因，是海战中清军是在用训练弹攻击敌方。

近代史上，与入侵之敌能以几乎“零差距”对决的我们，反倒溃不成军、不能一战。其实，发动甲午战争之前，日本对能否战胜中国一度心存疑虑，甚至做好战败后固守本土的方案。

这就是甲午战争，在让中华民族陷入空前深重危机的同时，也打醒了一个久睡的东方巨狮，在血与火的洗礼中涅槃重生。谭嗣同痛苦写下：“世间无物抵春愁，合向苍冥一哭休。四万万人齐下泪，天涯何处是神州？”

作家马克·吐温说，历史不会重复，但是会押韵。痛思甲午，又想起一本书，书的封面黑色凝重，左上角八个烫金大字十分醒目：勿忘国耻，勿忘军耻。值此124周年，再一次走进历史深处，打捞一点历史碎片，以唤起情怀和忧患。

2018年7月26日刊登于中国军网官方微信公众号头条

钢枪，诗和远方

在央视《面对面》一期节目中，作家莫言一句话把记者给逗笑了。

“听说自己要去当兵，比得诺贝尔奖还激动，这意味着我可以离开农村，再也不用面朝黄土背朝天了。”莫言一脸严肃。

当今时代，当兵已不是改变命运绝佳途径，让年轻人主动参军入伍，的确需要许多能够回应现实的理由，而不是仅有情怀的标语。

如今部队，还是不是大熔炉？当兵入伍，会不会辜负青春？穿上军装，还有没有诗和远方？这些叩问，是年轻人的疑问，也是现实的拷问。回答问题，我们不拒绝高尚，但拒绝脱离现实的崇高。

年轻人需要的，是直面心灵的回应。

你能看到不一样的风景

“生命不是你活了多少日子，而是你记住了多少日子。要让你过的每一天，都值得回忆。”诚然，如果这句话出自年轻人的嘴里，多半会贴上鸡汤的标签。但在央视《朗读者》节目中，著名翻译家许渊冲饱含深情徐徐道来，我们从这位饱经沧桑的老人身上闻不到一丁点“鸡汤”味。

军营的日子，必定是你生命中最值得怀念和铭记的岁月。有一天你脱下军装，脚步依然那么铿锵，目光依然那么坚毅，那都是你记住的日子在身体内的沉潜。

能够记住，是因为那里的每一天有血性激情，有战友情深，还有家国情怀。

当然有人质疑，类似风景，我在《军营男子汉》能观赏到，我在战争大片中能体验到。

就像，在家里看电影与在电影院看电影会有不同的观影感受。听别人描绘 100 次的美味葡萄，都不如自己品尝一次体验深刻。

人生的风景亦是如此，自己去做，才知道体会能有多深，灵魂能走多远。

收看《新闻联播》，常看到统帅与普通一兵围坐一起。是的，可能在几个月前，他还是一个稚气未脱的孩子，一个未谙世事的青年。但当他穿上军装、迈入军营，会突然发现，无论成为什么样的兵种，他突然跨入这个行当“国家队”，成为祖国一兵、人民子弟兵。

生命里有了一段当兵的历史，一辈子也不后悔。许多退役的战友，每当谈起在部队当兵的过往、说起天南海北的战友，都是一副热血青春的模样。

参军，就要来一场说走就走的旅行。正如英国小说《月亮与六便士》中说：“平淡的人生好像欠缺了一点什么，我承认这种生活的社会价值，我也看到了它井然有序的幸福，但我的血液里却有一种强烈的渴望，渴望一种更狂放不羁的旅途。”

你能找到不一样的自己

1967 年，美国海军陆战队有一个入伍口号：“打造真男人。”

大部分都更加相信，部队是打造真男人的地方。这里，杜绝“伪娘”，谢绝“鲜肉”，拒绝“柔情”，只欢迎真骨气、真血性、真汉子。

韩国最帅“欧巴”宋仲基参军入伍后，没有选择当文艺兵，而选择条件艰苦的陆军搜查大队。所以《太阳的后裔》中，有了他传神的演绎。

有人说，现实生活中，有过军旅生涯的人相对更易成功。我想，这不仅是骨气与血性。在军队的历练，必然要学会团结互助的包容，学会面对艰难的勇毅，学会忍耐服从的格局，学会自立自律的执着。中国企业界教父级人物、联想总裁柳传志毫不讳言："企业成功跟我有一定关系，但不是全部；这一定的关系之中，跟我在军队里养成的性格又有一定的关系。"

军营中走出的企业家王健林、任正非，从他们的行事作风和企业文化中，大抵都能看到部队的影子。他们且不需说任何话，一点一滴，一言一行，都彰显着他们的过去，昭示着他们的底色。中国企业500强中，具有军人经历的总裁、副总裁达200多人。在新的时代，那些仍抱持在特殊年代形成的偏见"好男不当兵"，早就是一个伪命题了。

农村一位老奶奶说，村里的坏娃都送到部队了，清净多了。老奶奶还说了，村里的坏娃走了，几年后，好娃都回来了。

一句玩笑话，从一个角度说明：中国家长仍相信部队是时代大熔炉。一名名战士荣归故里，他们不再迷茫，不再浮躁，而是笃信："开上豪车的人生不一定出色，开过坦克的人生也许更加出彩。"

这个大熔炉，是让"坏人"变好、好人向上的"大熔炉"。这个大熔炉，是让每一个年轻人重新找到自己、寻找最美自己的"大熔炉"。

你能收获真正的诗和远方

有人说，当兵虚度年华、浪费青春，不划算。其实，失去理想、浑浑噩噩的人生才是真正浪掷时光。

有人说，当兵收入不高、赚钱不多，不实惠。其实，当下的福利待遇已超过重点高校刚毕业的收入。

有人说，当兵亏了家人、苦了自己，不值得。其实，父母因子女参军而骄傲，你更因部队磨砺而成长。

那么，走进军营，还有没有诗和远方?

有一种气质，叫永久男神。为什么曾经的“杀马特”入伍后迅速化身“男神”，原因就隐藏在精神气质里。真正的军人，站姿必须是挺拔的，眼神必须是坚定的，身体必须是强健的，这是军人气质的诗和远方。

有一种未来，叫永恒向上。军人的诗可能会写在雪域高原，选择的远方也许在异国他乡，但那可能都是暂时的。永恒不变的，是他始终向上的精神追求。意志力、责任感、上进心，这是军人精神的诗和远方。

有一种情谊，叫永远战友。在物欲横流的当下，纯真纯粹、高洁高尚的战友情殊为可贵。不一定同生死共患难，但一定同生活共训练，融入血脉抹不去忘不掉，时间愈久情谊愈浓，这是军人情谊的诗和远方。

不是和平年代才配谈诗和远方。民族危难之际，炮火纷飞之时，参军入伍往往以“富二代”居多，他们追求的是信仰，追寻的是理想的诗和远方。

放弃顺风顺水，偏向虎山而行；抛弃锦衣玉食，偏要向死而生。葬身渣滓洞的英灵，70% 的军人出身富裕家庭，他们要的不是世俗的远方，要的是别样的诗行。

最后，把军营“型男”金一南的座右铭，献给所有参军入伍的年轻人：越是喧闹，越是孤独；越是寂寞，越是丰富。

收拾好行囊，军营有钢枪，也会有诗和远方。

2017 年 4 月 7 日刊登于中国军网官方微信公众号头条

劳动节的不同审视

人们常说，劳动创造伟大，劳动成就梦想。但似乎很少有人会把“五一”劳动节与军人群体联系在一起，如果真要有什么联系，让人就不得不提起毛主席那句精辟论断：没有人民的军队，就没有人民的一切。

一

从劳动节起源来看，的确与军事风马牛不相及。这个节日，也似乎与军人无关。但军人作为社会劳动分工的一个特殊群体，其劳动价值有其特殊表现，而非排除在劳动者之外。

军人不直接产生经济价值，但也在创造价值。他们创造安全的产品，营造安全的环境，为经济建设保驾护航。

平时，既有“在”的威慑价值；战时，又有“用”的军事价值。如果说劳动创造财富、劳动改变命运，那么军事劳动则在影响财富分配，军事劳动则在改变国运格局。

从劳动创造价值的角度来看，每一种职业、每一个岗位都值得点赞。曾经，劳动更多是直观的、繁重的。激情燃烧的岁月，田间的劳作、工厂的操作、矿井的苦作，奏响那个时代的最强音。

随着新一轮产业革命和技术革命的到来，生产力实现跨越式迭代发展，“流汗”的产业越来越少，“动脑”的工作越来越多，劳动形态早就不断突破传统想象和原有认知，劳动精神的内涵和外延也在丰富扩展。

互联网 +、金融服务等等，在生产力中占有很大比重，也创造出巨大的财富体量。同这些看不见的产出一样，军人劳动价值更多的是一种“智能”劳动，同样是一笔无法衡量的财富。

西方近代军事理论权威克劳塞维茨说：“物质的原因和结果不过是木质的刀柄，精神的原因和结果才是贵重的金属，才是真正的刀刃。”

在中国军事劳动中孕育形成的“南泥湾”精神、“两弹一星”精神等等，化作激励中国社会奋发图强的动力，鼓舞着中国劳动者砥砺前行、披肝沥胆。

二

在劳动节审视军人的劳动价值，光芒绝不黯淡，涵养绝不浅薄。

人类社会发展史是一部劳动史，同时也是一部军事发展史。恩格斯说，一旦技术上的进步用于军事目的，便立刻几乎强制地引起作战方式上的改变甚至变革。

军事技术，永远是竞争最残酷最激烈的，也是始终走在最前沿最顶端的，那种对军人和军事劳动的偏见，认为军人不属于劳动者、军事劳动是简单劳动的想法，显然是个谬误。

“二战”期间，为追求更强大精确火炮，为解决弹道计算十分复杂的问题，迫切需要一种新的快速计算机，世界第一台计算机就是为计算新型火炮弹道轨迹而横空出世的。

当年毛主席“核潜艇一万年也要搞出来”的嘱托，刘华清将军“如果中国不建航母，我死不瞑目”的念想，都已成为现实。这些捍卫国家领土主权的大国重器，不仅仅是一把赢得和平的利剑，还牵引整个国家装备制造业发展，极大延长我国产业链。

"民需要参军"，"军也需要反哺民"。战场"缺什么"，市场可能就有什么。军事科技强在哪，产业就可能兴在哪。军事劳动的价值之光，将闪现在社会各个领域、各个角落。

三

军人的工作也是一种劳动，但往往未以劳动者身份沾"劳动节"的光。

起源于芝加哥工人对权益争取的"劳动节"，是对广大劳工呼吁8小时工作制的回馈和妥协。面对日益复杂的军事环境，守卫并不安宁、并不平静的祖国疆域，如果军人也要求8小时工作制，那么赢得今天8小时，可能会输掉整个未来。

无视使命，空谈权益；轻视责任，只重享受；忽视身份，计较报酬。这无异于把军人泛化于普通群众。军人常有"全年无休""5+2""白+黑"之状态，常挂在嘴边的"两眼一睁、忙到熄灯"之调侃，正是军人所担责任、所赋使命决定的。

自古军旅多凶险，从来为武少安闲。在劳动节里，作为军事劳动中的一员，军人大多在岗位上度过、在战位中坚守。作为军事斗争中的一员，军事职业又充满艰辛与风险。仅从经济利益角度来看，军人劳动价值似乎是"吃亏"了。

但崇高的劳动，常常不以经济利益作为衡量标尺，而是把国家利益、人民利益放在考量标准。不算个人"小账"，只算国家"大账"；不算"眼前账"，多算"长远账"。

谈及劳动，罗马诗人维吉尔说："这个世界上的每一块土地，都留下了劳动的印记。"他也许没有思考，今天世界上每一片土地，都有军人的眼睛在守望。在劳动节之际，诠释军事劳动价值，同样是在推动社会的进步，也是在为军人正名。

2017年4月29日刊登于中国军网官方微信公众号头条

从追寻你的样子到成为你的影子

有人说，有两类事情很能打动人：一是伟人的平凡事，二是平凡人的不平凡事。伟人的平凡事，多能让人记得住，却难以学得了。平凡人的不平凡事，让人不仅记得牢，更能学得了。

流光易逝，转眼间汶川大地震已过去9年。前不久，看到一个平凡人的故事，十分温暖，也很感人。

故事主人公叫强天林，是一名在汶川大地震中被解放军救出的灾区孩子。9年里，他始终追随着心中榜样足迹。如今的他，即将军校毕业。

被帮助的人，今天依然不知道榜样的名字，但他还是毅然选择成为“你”。

长大后我就成了你，这首唱遍大江南北的歌词，在现实中又找到注脚。这样的注脚，也许还有很多，我们并不一一而知。

一

人在最无望时，容易激发出内心最真的善。这种善，更加恒久。

在强天林最无助时，托起他生命的那个人，也是托起他光明未来的榜样。

比汶川灾后住房重建更可贵的，是无数人用平凡举动，为汶川人建起一座座精神的大厦，心灵永不荒芜，心中永远向上。

同样让人触动的，还有两张解放军在地铁列队候车的照片。他们悄然走红，不仅因为他们在候车时站得笔直、整齐有序，还因为一位小朋友也学着他们的样子，笔直站在队伍最后。

我们甚至可以大胆推测，这位小朋友也许在不久的将来，也将成为一名优秀的战士。

这么多的场景，都没有留下名字，皆为平凡人，都是平凡事。但榜样的力量，恰如抛在水面的石子，泛起的正能量像涟漪般不断扩散，又有人成为新的榜样，再不断扩散。网友留言："为他人种植梦想的人是最值得尊敬的人""有多少青年是在军人付出的那一刻瞬间倾心，成了一辈子的榜样"。

抗洪大堤上"最美睡姿"，火灾现场中"最美逆行"，长江浊流里"最美潜游"……作为军人，站在信仰的高地，秉持道德的坚守，本无可厚非。如热播剧《人民的名义》里所说，如果一些干部的素质甚至低于一般国民的素质，这个地方的素质能高到哪儿去？

该成为榜样始终当好榜样，矢志坚守的是我们的精神高地；该成为榜样的没有当好榜样，不断恶化的是我们的道德生态；不该成为榜样的却也能成为榜样，有效拔高的是我们的道德底线。

二

我们该给自己树立什么样的榜样？这可以是一道选择题，但不应成为一道计算题。

前不久，一位 23 岁的消防员为救 95 岁的大娘，火海牺牲。由此想到，35 年前，第四军医大学学员张华为救一位 69 岁淘粪工，献出年仅 24 岁的生命。

类似值不值的讨论，在消防员身上有了，在张华身上也曾出现。张华仅活了 24 年，老人已活了 69 年；张华是有知识的大学生，老人文化程度低。放在世俗、等价、物质的天平上衡量，从哪个角度计算，似乎都不值。

可这应是一道算术题吗？这应该是一道良心题！正因始终有那么多的榜样，没有精于算计，才让我们的道德没有倒退。

物欲横流的冲击，浮躁风气的裹挟，功利心态的侵蚀，愿当看客的多，想当榜样的少。一些榜样，有可能被嘲笑为“不开窍”，或视之为“假正经”，甚至鄙视为“一根筋”。或者说，我很钦佩你，但我并不想成为你。

但当灾难真的来临，当自己也需要救助时，才深感“只要人人都献出一点爱，世界将变成美好的人间”的喻世明言。压垮骆驼的绝不仅仅是最后那根稻草，雪崩的时候没有一片雪花是无辜的。营造一个向上向善的环境，每个人都应努力成为被人点赞的榜样，而不是只会点头的旁观者。

“我们的事业并不显赫一时，但将永远存在；而面对我们的骨灰，高尚的人们将洒下热泪。”马克思如是说。学习榜样，成为榜样，不一定能烛照全世界，但即使只能为身边人奉献阳光、种植梦想，就已足够。

三

一事专注，便能动人；一生坚守，定会深邃。

我们常常接受不了自己平凡的人生，却可坦然面对自己平凡的举动。每个人都是最优秀的，差别就在于如何认识自己，如何发掘和重塑自己。即使当不了榜样，始终甘为一个榜样追随者，把别人的力量化为自己人生的营养，何尝又不是一种幸福。

相传，少正卯在鲁国办学时，成为新“榜样”，孔子很多学生被吸引而去，可颜回坚定地追随老师。不离不弃背后，是因为颜回相信什么才是真正的榜样。

没榜样比有榜样更痛苦，内心道德的风向标不断变换的滋味更煎熬。道德的迷茫，精神的迷失，常常会让人无所适从。

每一次感动我们的榜样，并不一定都是崇高。有的人是因为真诚，有的人是因为纯粹，有的人是因为执着，有的人是因为无私。

常说榜样的力量是无穷的，但远在天边的榜样其力必式微，近在咫尺的榜样其力必直接。即使你不愿抬起头，低头前行时，也会让你的眼睛看得更远。这样的光芒，照在个人身上，即便微弱，却足以走出生活的那些纷纷扰扰、磕磕绊绊。

榜样是守卫灵魂的庙宇，当灵魂失去它，雨水就会滴在心上。

在汶川大地震9周年之际，让我们再次为无数平凡榜样点赞。无论岁月如何淘漉，只有这种力量，能够抗拒平庸，也永远不会过时。

2017年5月12日刊登于中国军网官方微信公众号头条

视角与视野

当天空出现一双眼睛，让我们可以窥探到曾经看不见美与丑、是与非、善与恶时，让我们有权作出阻止的选择时，这样的选择，却成了一道难以抉择的计算题。

究竟是轰炸造成对小女孩无辜杀害更残忍，还是不轰炸致使自杀性爆炸对 80 人造成伤害更紧迫？究竟是政治和外交影响更不容忽视，还是战略和战役的得失更显重要？一长串问号，在短短 102 分钟《天空之眼》电影中，荧屏上展现，内心里浮现。

天空之眼，看似是无人机在监控，但其实是人在看，是人心在做。这部电影，以无人机察打一体为视角讲述代号为“白鹭”的斩首行动，旨在擒获参与恐怖组织的美英两个公民。因为天眼俯瞰着一切的动态，当突然发现极端组织正策划自杀式炸弹袭击后，他们无奈将“监视抓捕”改为“歼灭杀戮”。这个反恐任务，全景式真实再现现代战争的侦察、分析、决策和作战模式。

发现目标、确认身份、利益博弈、精确锁定、无人打击……紧张气氛的渲染，紧迫张力的聚集，战争一触即发，但突然出现的卖大饼小女孩，让军事行动和道德冲突迅速转移到这个无辜的小女孩身上。政治与人性的斗争，利益与伦理的角力，杀一人还是救千人？打击恐怖主义还是规避间接伤害？这场辩论没有给出答案，但不断拷问着观众的良心。

为避免她受伤害而不断升级的辩论，让观影者甚至产生一种冲进去支开小女孩的冲动。与恐怖分子一样，相同皮肤、相同民族，但不同于极端分子的凶残，小女孩却无辜又可爱。更何况，那是一个从小没有玩伴、失去教育、裹得严实、帮家里赚钱的小女孩。她的生死，因为天眼，掌握在一帮不相干人的身上，观众心灵的天平不自然地倒向她。当然，“如果他们炸死 80 个人，我们就赢得了宣传战；如果我们炸死 1 个人，他们就赢得了宣传战”，这才是影片的核心要义。

当今时代，无人机可以侦察，无人机导弹可以轰炸，同时也触发战略决策、道德危机、责任划分等等问题，让行动变得越来越复杂。决断果敢的英军女指挥官，内心纠结的无人机飞行员，瞻前顾后的英美政客，站在每个人的角度，似乎都没有错，每个人都在捍卫自己心中的法则。

程序正义更重要，还是良心道德更重要？一种是后果主义推理，一种是绝对主义推断，终究逃不出军事行动下的道德焦虑感。民主无力感在影片中也展现得淋漓尽致，大家都在推诿扯皮，都在以法理情理作为决策外衣，让决策冗长无效，以逃避良心的谴责，逃避未来的追究，军事行动可能因民主而“流产”。

面对转瞬即逝的战机，面对 1 比 80 的选择，始终没有出现一个完美的方案。女上校凯瑟琳是“聪明”的，她暗示将伤害计算值下调为 45%，通过自欺欺人的方式，达成利益博弈的均衡，顺利启动蓄势已久的导弹按钮。当然，凯瑟琳也是有心计的，行动结束后，她要求计算伤害值的军官按照虚假的 45% 记录在案。

“战争来临时，真相往往是第一个牺牲品。”影片一开始，就引用古希腊“悲剧之父”埃斯库罗斯的名言。是的，任何一次军事行动，都有可能会面临政治和道德的双重困境。从天空之眼照见的现实伤害，也许只是我们未曾揭露过的冰山一角。能将伤害测算到最小值，这又何尝不是战争的进步。影片即将结束，才发现曾经的辩论都成为笑话。因为第一次军事行动没有斩首成功，第二次又迅猛执行，无辜的小女孩最终还是死了，道德辩论最终让位于军事利益。

天空之眼，不仅仅是一部军事反恐电影。军事只是形式，道德才是内核。历史上，德国一法庭曾对射杀平民的某士兵进行审判，士兵极力辩解说是执行命令。法官的回答成为经典：不执行命令当然有罪，打不准可就无罪了，你有枪口抬高一厘米的权力。一厘米的善良，就在一念之间，天空之眼执行打击任务的军官史蒂夫也曾有过这样的善良。

战争本身就是原罪，每个人在战争中做出任何选择，都有着自诩正确的立场，影片没有简单的对与不对，带给我们的只有沉思。这其实是一部没有答案的电影，但无论怎样，哪怕未来军工发展可让我们监控偷窥到一切，但决不能让军事监控的视角，狭隘人类良心的视野。

良心泯灭，所引发的仇恨，必将让我们陷入无穷的以暴制暴、以恶制恶，战争永远不是解决恐怖主义的有效手段，也永远不会平息真正的暴力。战争没有胜利者，最终都是悲剧。正如电影中一位将军所说：“如果你看过真正战争的残酷，你就能够理解生命的意义。”

2017 年 8 月 23 日刊登于《解放军报》

梦想“高大上”遭遇现实“马栏坡”

人的一生，会有很多选择，也作出过很多选择。但选择过后，往往又开始反思。

每个人选择军旅的初衷不尽相同。相信，有许许多多青年学子是在看过军校“高大上”宣传片或者励志军旅影视剧，选择了军校。

战场金戈铁马，战机直冲蓝天，战舰劈波斩浪，战车铁流滚滚，战士英姿挺拔……有人是看时激动，回去不动；而有人则是看完感动，付诸行动。

可真正来到军校，却发现，现实远没有想象的那么完美无瑕，那么激情似火。枯燥乏味的队列训练，缺少激情的徒步拉练，严苛单一的日常管理，一度让许多年轻人对初心选择表示怀疑。于是，陆陆续续，三三两两，有一小部分人离开我们的队伍。

真的是选择错了？还是现实错了？抑或是宣传错了？其实，都没有错，错的是没有一颗理性认知的心。

一

影视的精彩，人生的出彩，从来都不是唾手可得、信手拈来，而是需要一步步走出来。

阅兵中威武的步伐，背后是无数汗水。飞行员翱翔蓝天的潇洒，背后是残酷训练。将军无上的荣耀，背后是沧桑磨砺。跨进军校大门，想要活出最精彩的自己，只能靠自己去演绎。

去年我参与指导大学2016级学员新训工作。新训的地方，放在一个县里的一个村，因为那里有大学新训基地。担心青年学员一看条件，巨大落差让他们萌生退学念头，我们特意在接站后组织他们参观新训后将正式入驻的中心校区，把“高大上”教学条件和设施让他们看了个够，以“预热”他们容易“受伤”的心灵。

新训过半，还是有十几名青年学员强烈要求退学。

有两个我印象深刻：一个家境很差，来自云南，父母都是县城小商贩，报名前曾在家乡大摆筵席。要求退学后，父母闻讯赶来，面对父母下跪他也无动于衷，最终离开我们的队伍，他说这里不是他想要的人生。另一个家境优渥，来自湖南，曾有一头自认为飘逸的长发，报到时带着他最心爱的架子鼓，却被无情地锁到储藏室。我给他做思想工作，谈个人成长经历，讲从军报国的意义。

慢慢地，湖南“90后”桀骜的眼神开始变得柔和，他听进了我的话。如今，他越来越喜欢军校，常常以板寸头形象示人。

新到任何环境，都有从不适到接受，从接受到适应，从适应到喜欢，从喜欢到钟爱。关键是，你要相信自己的选择，不被暂时的困难、表象的落差所吓倒。我们大学有一所学院，学院位于山脚下，却成长出一位科学院院士。他15岁那年，没有选择地方知名高校，而是从重庆山区考进秦岭山脉，事业的舞台甚至从来没有跳出过那个山脚，但人生的舞步已经跳出整个中国。事实证明，心有多大，你的事业就能干多大。而不是环境有多么好，你就能干多好。

真正的人生赢家，从来不会只盯着眼前的不适和现实的算计。

二

十五年，弹指一挥间。

直至今天，我仍记得到大学报到那天傍晚。大学中心校区刚刚建成启用，全校只有一栋机关楼、一栋教学楼、一栋食堂、四栋宿舍楼，外加服务社和门诊楼。没有图书馆，没有体育馆，没有科研楼，有的只是裸露的黄土、低矮的树苗、简易的球架。

四年里，我们在尘土飞扬的篮球场三步上篮，与希望小学孩子一般。每当有地方高校同学来探望，我们总会不好意思地说这块空地将来会有什么。

四年里，我们没有退缩，没有自卑，没有怀疑。我们把每一天，都活成我们想要的那个时代大学生应有的样子。

四年后，我们毕业离校时才看到图书馆拔地而起，看到体育馆破土而出。虽然没有享用一天，但仍为母校发展自豪。

我们一直坚信自己的选择，也为自己的选择而积极努力。毕业了，大家在不同岗位书写不同人生，绽放属于自己的人生。有的曾经是别人眼里的“笑话”，如今也书写着属于个人的“神话”。有两名同学迷恋商场、不恋战场，中途强烈要求退学，如今也泯然众人。事实证明，个人命运如能和国家命运同频共振，甚至参与其中，这样的人生更有意义、更多夺目。

去年新训，一个意想不到的现象令人震惊：退学的大部分都是家境一般的，这完全颠覆我们曾经认为的“寒门出孝子”认知。他们大多沉迷在大学应有诗有远方，军校应该有品有档次，于是错过未来许多更美的风景。

人之坚定信念，与出身并没有强关联，而在于当初是抱着什么信仰和目的在选择。中国农民运动开拓者彭湃出身于富商之家，抱定“我即贫民”，烧掉自家田契闹革命。本是国民党将领的贺龙率兵赴南昌起义，蒋介石拿500万大洋，外加一个汉阳兵工厂和武汉卫戍司令的头衔送给他，他都不为所动。

有的人，的确是因为看见才相信；而有的人，是因为相信才看见。所以贺龙看到了新中国的胜利，看到了中国共产党的胜利，看到了自己信仰的胜利。

三

生活，永远不可能像影视剧始终跌宕起伏、燃情四射。

如果因现实军校生活与《冲出亚马逊》《士兵突击》《战狼》有一丝差距，就否定初心、抛弃选择，无疑是非理智的。

电视艺术的语言，大多用最美镜头、最炫音乐以刺激感官神经。那些超炫的设施、超人的经历、超凡的身手、超群的大脑，也许都是无数普通人优点叠加出来的典型。通过艺术手法塑造出来的环境和人，当然“高大上”。

军旅影视剧，很难完全反映出现实的军营生活。有的为哗众取宠、吸引眼球，有的甚至不接地气、隔靴搔痒，就像你在电视上看到过无数次丽江，但真正到了丽江，你还是会发现与电视上大不一样。

美，只有亲身经历过，才会深刻而生动。

面对如此差距，内心只要有激情，你照样可以把军校生活过得充满美感。你不需要改变环境，你只需要改变你的内心。

电视剧《潜伏》谢若林充当“双面特务”，用美元换取情报。国民党天津情报站李涯讽刺他没有信仰，他说：“我有信仰，我信仰生存主义。”有多少人因为信仰生存主义，只愿意、只相信、只能看到眼前和当下，错失事业前程，错过人生风景，终其一生都在浑浑噩噩中度过。

当梦想的“高大上”遭遇现实的“马栏坡”，有的人，也许一生都在为自己曾经的选择是否正确而反复纠结；有的人，却穷尽一生努力让自己所有的选择变得无比正确。前者，输了一生；后者，赢得人生。

2017 年 9 月 26 日刊登于中国军网官方微信公众号头条

一份情怀的精致

一份专注，能淬炼出强军的品质；

一份坚守，可雕琢出情怀的精致。

近期，中国军网策划“强军梦·士兵工匠”系列，横跨多个军种，涵盖多个行业，让我们欣喜地看到一张张年轻但有力量的面孔。

那一个个感人故事，早已不是成才事迹的简介，也不仅仅是个人魅力的彰显，而是我们强军财富的开掘。

一

13个人物，13个战位。

有的战士，安全保障飞行20余万小时；有的战士，双脚巡线路程可绕地球一周；有的战士，一听声就能排故犹如长了“顺风耳”；有的战士，千锤百炼成为能与雷达对话的“最强大脑”……

无论今天他们多么强大，但都是从一颗颗螺丝钉、一根根电缆线、一道道小工序做起，技以载道，把自己当工匠看，把打仗当专业干，不断擦亮强军“品牌”。

其实，他们也仅仅是强军征程上中国优秀士兵的一个缩影。还有许许多多像他们一样，在各个战线上“发光”“发热”的超级战士，并不为人所知。

能成为强军的中流砥柱，是因为无论在多么平凡的岗位上，他们不盲目浮躁，不急不怠，始终精益求精、久久为功，直至成为战友眼中的"牛人"、同事眼中的"能人"。

手虽粗糙，但却是富有灵性的手，饱含梦想的温度。这温度，是工匠精神的"温度"。

一个时代有一个时代的特点。身处这个狂飙突进、日新月异的时代，士兵的"工匠精神"，早已远离了简单重复劳作，跳出了机械执行操作，而是涵养着创新品质、科学态度、敬业精神，是新时代带着思想去打磨的强军"匠人"。

记得毕业刚当排长时，看到有的士兵虽然只是中专或高中毕业，但单位驾驶技术最好的、电路检修技术最棒的，往往都是他们，刚毕业的干部甚至插不上话、搭不上手。

就连在装备场地里打草，也比干部要在行。那时，事实告诉我一个道理：起点并不重要，干任何工作也没有高低贵贱之分，尤其在基层，并没有太多要创新的工作，大家更多的是要学会如何娴熟操作、如何有效实践。一颗脚踏实地的"匠心"，比黄金更可贵。

无论是士兵，还是干部，岗位也许有高低之分，但对事业的极致追求、对工作的专业精神，不应有二样。诚如一位作家所言，能将胡辣汤做得顾客盈门，和能让火箭上天没有本质区别。

二

不是每一个人都能成为大将，但每一个人都能努力成为大匠。

过去，受政治生态恶化熏染，许多优秀战士琢磨"走后门"，挤破头当"伙夫""车夫"，宁给领导开小车不愿开装备车。

如今，全面重塑、浴火重生下的人民军队，早已成为大国一流军事工匠成长的"新沃土"。

当下，学历不再是"硬杠杠"，关系也不再是"硬支撑"，优秀年轻人没有依靠的背景，只要有辛勤的背影，照样可以大展宏图。

于是，他们有了更多选择，相信只有把岗位对接上战位，前途才会更有前景。如此看来，个人的自由选择，又何尝不是这个美好时代的伟大力量在推动。

一个民族，需要仰望星空的人，也需要脚踏实地的人。

一支军队，需要创新创造的能人，也需要精雕细刻的匠人。

无论未来战争多么“高大上”、多么信息化，如果没有一批“士兵工匠”作支撑，就像有再好的硬件，没有优秀的软件，也很难琴瑟和鸣。

简单的背后当然是不简单。今天，看似他们一个个都是全能战士、超级工匠，如今“简单”的这个“果”，曾有追求“不简单”的因。“工匠精神”是靠一步一个脚印走出来的，因不舍微末、沉潜蓄势，才达到事业高峰。

看看这群战士，他们其实都很年轻，大多不到四十岁。他们又不年轻，通过十几年的积淀与爬坡，他们都成为所从事行业的“大拿”和“翘楚”，任何人都无法小觑。

年轻的士兵工匠，不年轻的工匠精神，把执着融入血液，把专注刻进生命，才能淡然应对身外纷繁喧嚣和霓虹闪烁的世界。如果心态浮躁，“闻得鸡好卖，连夜磨得鸭嘴尖”，到头来注定是竹篮打水一场空。

曾有人说，没有一流的心性，就没有一流的技术。士兵“工匠精神”，也源自于他们的心性。他们的心性，有爱党爱军的忠诚，有臻于至善的追求，有废寝忘食的付出，有物我两忘的境界，还有脚踏实地的淡定。

三

同一批入伍战士，分到同样岗位，不同人干同样工作，结果往往大不一样。

有人技艺突飞猛进，有人数十年原地踏步，也许还有人在一旁调侃“一认真你就输了”“差不多就行了”。把工作视为眼前苟且的人，事实会反驳一切。以工匠精神奔向诗和远方的人，时间会证明一切。

近代同仁堂之所以能成为百年老字号，就源于它“炮制虽繁必不敢省人工，品味虽贵必不敢减物力”的工匠精神。可能会有人耻于谈工匠精神，似乎层次低、不风光，且都是些波澜不惊的“技术小奉献”。可从某种意义上来说，我们每一个人其实都是自己所从事行业的“手艺人”。我们事业的成就、人生的质量，也都需要靠“手艺”去打磨。

今天，当羡慕这些“士兵工匠”一技在身、一身本领时，其实褪去光环，他们曾经也是一个刚刚入伍的小战士。从普通士兵到超级工匠，距离有多远？一万小时的定律告诉我们，耐得住一万小时的细致锤炼，每一次工作都精益求精、追求极致，打造出一件件感动自己的“艺术品”，任何人都能从平凡走向不平凡，每一条小径也都能通往星辰大海。

素有“煮饭仙人”之称的村嶋孟，50多年专心只做一件事情——煮出一碗好吃的米饭。他以对生活不同寻常的热爱执着，将普通的白米用心打造出顾客赞不绝口的极致产品。

无论是未来职场，还是明日战场，打败自己的，不是你的年龄，也不是你的学历，而是你有始无终的态度。任何一个岗位，只要用心去做，总会有一天，即便你不在江湖，江湖上仍有你的传说。

大巧于心，大慧于行。工匠精神，强军气质，只有在更多的普通士兵身上闪光，才能凸显强军价值，成为我们真正的软实力！

2017年10月24日刊登于中国军网官方微信公众号头条

这一年，有没有三个热词触动你的心

在时代洪流面前，个体命运，如一朵浪花般微不足道。

如此宏大而诗意的话语，于身处 2017 年军改大潮的每一名军人而言，相信都有发自内心的认同。

改革，曾经多么理论化的词汇，在 2017 年，变得有力量有触感有温度。

留下的，能感受到 2017 年的许多温暖变化。几乎在今年一年，在中国大地上的所有机场和车站，军人优先成为一种社会自觉。

走了的，也感受到 2017 年的许多温馨激励。已踏上新征程的战友们都说，军改期间是政策最好的时代，错过这个村也许真没那个店。

当然，不只这些，我们还听到许多让人心头蓦然一沉、让心头陡然一暖的话语。“组建退役军人管理保障机构”“让军人成为全社会尊崇的职业”……

历史的脚步如此急速铿锵，但也没有忘记应有的人本关怀。

经历 2017，风云变幻，一直都在冲锋。

走过 2017，蓦然回首，一路都是风景。

期盼地“等”

的确，如果说有一个词，沉淀了 2017 年中国军人各种复杂的情感，那么一定是“军改”。

如果说有一个字，能够表达2017年中国军人最真实的状态，那也许就是“等”。这可能是2017年无数军人对改革的最真切感受，也是一年中最重要的“关键词”。

等，不等于不作为，也不等于静观望，而是心中对改革充满不同期待、无数愿景。

每一份文件中稀松平常的一两行字，每一次《新闻联播》中的简短播报，对于这个时代军人的命运来说，都可能是颠覆性的。置身其中，迎来的或许是命运的巨大转身。

一天又一天，一月又一月，等待改革方案“靴子”的“落地”，就像盼星星盼月亮。于每一名军人而言，享受了改革“红利”，便可从容踏上另一个新征程。接受了改革“手术”，亦好淡定奔赴另一段新旅程。

等待的格局可“顶天”。大家等待这一轮改革，军队将换羽重生、凤凰涅槃，一荡沉疴积弊，谁不希望曾经待过的地方是绿水青山，谁不渴望世界一流军队梦想的巨轮从这一代军人开始起航。

等待的格局也可“接地”。有人期待下一步调整改革个人发展的空间更大，有人只是希望能够继续留在现役岗位上，有人甚至只是希望执干戈也可“护小家”。

思忧，谁不想纵横沙场无愧于一身戎装；思变，谁又不想过寻常人家的小日子。改革中的人心，就是如此矛盾和复杂。

历史一再证明，任何一次改革，纯粹为改革而改革，不能实现“最大公约数”的改革，往往容易流产。明朝张居正的改革成功，因他既注重顶层设计，又有效保护大家利益。

从这个意义来说，这一轮军改，得到广大官兵真诚拥护。不仅因为关照“庙堂之高”的千秋大业，也关注“江湖之远”的幸福家业。

改革，从来都不应是一个口号、一次谋划，而是一个个鲜活的生命、一个个幸福的家庭。

赶上史上最澎湃的军改，有幸见证，有幸参与，即是幸运。即便离开，个人的生命与历史的潮流交汇过，也是人生最美的芳华。

一个个“靴子”都落地了，大家开始舒缓紧绷一年的神经，但现在还不是庆功的时刻，谁都清楚，未来的路，是留给真正的勇士。

不同的“痛”

痛，可能是每一个面临改革的人，多多少少都会有的。

改革越彻底，也许痛感越强烈，时代所赋予的特质也就越明显。

有的痛，是情感之痛；有的痛，是利益之痛；还有的痛，是不适之痛。就像勒住职业发展的“向上冲动”，剥离热爱军装的“内心依恋”，引发落编定位的“现实焦虑”。军改的“痛”，其实一直在缓释。

但痛过之后，便海阔天空，迎来新的纪元。

现在不小“痛”，也许将来会有大“痛”。相比曾经的舒适，今天当然会有一点“不适”。可成功的改革，历来都是如此。赵武灵王的“胡服骑射”、汉武大帝的“大兴骑兵”，估计那一代军人都曾不好受，但正因不好受，才没有受欺负。

今天，我们为大国军队而自豪。改革深入，让沙场“硝烟四起”。朱日和的演兵，南海的巡弋，航母的穿越，海外基地的建立，和平年代的“战味”更浓，身上“酒气”越少。

谁都知道，触动利益比触动灵魂还难。但我们的改革却没有任何阻力，势如破竹、一往无前。难道没有触动到利益吗？非也，而是触动到“痛”的时候，大家不说“痛”，计利当计天下利，他们把“魂”看得比“利”更重。

比如说，移防、转隶、换岗，交流、合编、重塑，无论是发展空间的受限，或是年龄偏大的现实，大多离开的人，多人到中年或人近中年。

此时的他们，初心未泯，雄心难存，人生像魔术师抖开了的包袱，不会再有太多惊喜。可敬的是，一年过去，风平浪静，无数在走向中年遭遇冷遇的普通个体，不仅感受到结伴前行的温暖，也还都在吟啸徐行。

任何一个军人，首先是个体的人，但又是特殊的人。特殊的人回到家中，又变成普通的人。面对人生十字路口，有养家糊口的俗累，也有妻儿老小的牵绊。即使一代圣人、命世人豪的王阳明，也曾留下过："尚为妻奴守俸钱，至今未得休官去。"

同学见面，老同学说，发展空间有限，今年准备转业回湖南老家了。他说如今最大的梦想，就是当个派出所民警。我说，那你当年为什么不考警校，他一时语噎。

体验过了，奉献过了，人生便不后悔。这是我想了好长时间，送给他的最好答案。

倏忽流光间，大部分军人，在军旅生涯中不一定作出什么惊天动地的贡献，也不会有什么功成名就的故事，但多年以后，回想军旅人生那段经历，却鲜有人懊恼和后悔，心头总会泛起无数的温暖。

我想，这也是我们这一代人献给军改最好的答案。

永远的"爱"

爱，对最亲的人讲起来，有时都会觉得难为情。

但对自己曾经奉献过的事业，说出来却总是那么自然、妥帖，甚至还有点气壮山河。

一年里，从"脖子以上"到"脖子以下"，这场最深刻最广泛的军队改革，每一个人都经历从观望、抉择到参与、示范。还在的，留下最美身影。走了的，留驻最美背影。

法国历史学家托克维尔的著作《旧制度与大革命》有一个观点：

改革会把既有矛盾完全呈现出来。这种矛盾，不仅是集体的矛盾、制度的矛盾，有时也是自己内心的矛盾。内心的矛盾，背后何尝没有一份爱的底色。

好在，经历着大变革和新旧更迭的时代，人的价值和力量得到前所未有的重视。如果是未来军队需要的人才，你想走也不会让你走。如果不契合强军需要，全身而退不仅为了让大车更好前行，于自己也是一个重生。

早一步跟上改革的思路，就有可能早一天占据主动。马克思不仅爱讲理论，其实也讲过很接地气的话，比如这句："最先朝气蓬勃地投入新生活的人，他们的命运是令人羡慕的。"

未来，一定没有我们想象的那么难。只要心中有爱，就有阳光。有阳光的地方，就有温暖。就像当年国企改制"下岗潮"，他们也并没有在改革的浪潮中"消逝"，大多也华丽转身为经济建设的"弄潮儿"。

含笑沙场、血染战旗是一种奉献；服从大局、卸甲无求也是一种奉献。无论戎装是否穿在身，相信大家都留存着那份爱，我心依然是"兵心"。

致敬军改，更致敬每一位有幸赶上这次军改的普通军人和平凡英雄！

凡是过去，皆为序章。2017年已经过去，2018年我们都努力做一个不同的自己。我素来不喜煽情，但面对风云变幻的2017年，在原本应该四平八稳的述职中，我还是讲了一段煽情话："站在军旅人生十字路口，无论未来干什么，内心永远不变的，永远是对政治工作的真诚热爱；无论未来在哪里，内心永远不变的，是对这个温暖大家庭和每一位战友的真挚情义！"

多少年后，我们这批经历过史上最深刻变革的一代人，目光散乱地望着远方，估计也会说出和电影《芳华》里同样的那句话："我们都老了吧，他们在哪里呀？"见证过这一轮军改的我们，是有资格去评说的。

回眸 2017，时代一新，万象更新，我们对新时代体悟无比深刻。

告别 2017，我看青山仍妩媚，料青山，见我应如是。

2018 年 1 月 3 日刊登于中国军网官方微信公众号头条

喜说“喜”的笔记

中央电视台文化节目《国家宝藏》讲述，湖北省博物馆推出一件“国宝”，名叫“云梦睡虎地秦简”。这件在湖北省云梦县睡虎地秦墓中出土的竹简，记录的既不是什么皇亲国戚的长篇大论，也不是什么文人骚客的诗词歌赋，而是秦代一位名叫“喜”的基层官吏工作笔记。

时空穿越千年，字迹清晰端秀，笔画浑厚朴拙。当然，最难能可贵的是，它工工整整记录下这位名叫“喜”的官吏工作体悟和律令条文。比如，官员出差办公自备粮食，不能取下属之粮；比如，官员异地调任不能带随从。姑且不论这秦简的书法价值与历史意义，单说这种敬业精神与勤勉态度，这种心中有法、行事依法的作风准则，就值得我们每一名基层干部学习借鉴。

在基层无论当多大的领导，手中多少都会有点“小权”，但越是有权，越应知敬畏。智慧的领导，都是把自己权力弄得小小的。盲目用权、任性用权，无论是主观无意还是客观事实，往往都容易触碰法规底线、纪律红线。现实中，我们不缺制度，也不缺法纪，缺的往往是落实。挂在墙上、写在纸上的最多能称之为法纪规章。记在心里、落实到行动中的才是法治精神。正如卢梭所说，“规章只不过是穹隆顶上的拱梁，而唯有慢慢诞生的风尚才最后构成那个穹隆顶上的不可动摇的拱心石”。

为好管理就禁用手机、为保安全就禁止休假，等等，实际工作中，我们经常听到或看到一些基层单位动不动就用“土规定”“土办法”抓管理。这些做法，既违背法治精神，又违逆基层愿望。法治意识一旦淡漠，就趋向“人治”大于“法治”。有的随意决策、无视规则程序，有的笃信“黑头不如红头、红头不如白头、白头不如口头”，诸如此类。“心中有法”不能泛化为一种口号，而要作为一种信念来坚守、作为一种责任来履行、作为一种习惯来养成。正如秦朝那位名叫喜的基层官吏，无论工作多么繁重，都在深夜孤灯反省，以法律条文审视审验工作不足。

“为”与“不为”，“多为”与“少为”，从根子上讲是一个依法办事的问题。新时代新气象，不仅要知道自己哪些事情不能干，始终严守“法无授权不可为”，更要知道哪些事情必须干，始终谨记“法定职责必须为”。真空地区、模糊地带，不是我们不作为、乱作为的“安全区”，而应是我们依法依规的“试金石”。敢担当、敢作为，须在办事依法、遇事找法、解难用法的良性氛围中养成一种习惯和态度。

毛主席曾多次在党和军队高级领导干部会议上亲自领唱《三大纪律八项注意》，并要求大家，“你们不仅要唱《三大纪律八项注意》，你们还要讲解，还要按照去做”。心中藏好一副“云梦睡虎地秦简”，凡事想干之时、开干之前，都与上级要求和政策法规进行对对标对对表，形成一种内在的行为自觉，走在法治轨道上，才能行稳致远。

2018 年 3 月刊登于《解放军报》

冲出视野“信息茧房”

当今时代，人类获取信息渠道多通过互联网。有一个现象，大家都深有体会，大数据算法精确记录每个人上网痕迹和个人偏好，你喜欢书法，就推荐书法；你喜欢暴力，也积极迎合。一言以蔽之，你爱看什么，它就推荐什么。不知不觉，长此以往，接触的信息越来越闭塞。这种将自己视野与生活像“蚕茧”一般束缚在“茧房”里的现象，有西方学者称之为“信息茧房”。

战争，是最不确定的王国。新时代军人，面对瞬息万变的时代，须防止一不小心被困在“信息茧房”里。军事领域，必须有耳听八方、眼观六路的宽广视野。偏安一隅的研究和沉迷，很容易成为强军征程上“井底之蛙”。有的自我沉浸在对传统战争模式的深透研究，有的一味只对某个国家的军事战略头头是道。殊不知，敌人不因你的信息闭塞而狭隘弱小，世界更不因你的封闭落后而停滞不前。

思路决定出路，视野决定格局。叶剑英元帅曾经指示有关部门“要经常按着地球的‘脉搏’跳动”。言下之意，军人视野要放之四海，以应对各种意想不到的风险和挑战。

尼采说，我们的眼睛就是我们的监狱，而目光所及处，就是监狱的围墙。怎么跳出围墙，现代人跳出围墙首先要跳出“信息茧房”。有一种与智商、情商相并列的人类智力因素，名为搜商。这是一种通过搜索技能解决问题、获取知识的能力。但许多人看似面对海量信息重重包围，实际上早已被个人偏好和习惯困在“信息茧房”

里。看似越来越专，实则越来越偏，困在“信息茧房”里的人，搜商也越来越低，客观带来认知窄化。这样的人，对全局的判断和掌控，对战争的把握和预测，难以准确全面。

历史的战争经验告诉我们，驾驭战争的自由，来自认识战争中的必然。认识战争，必须有通盘的考虑、全面的视野，这是一种科学的思考过程和理性认定。如果没有大量信息作为决策基础，很容易做出错误决断。这种大量信息，既来自战场的临时判断，更来自指挥者平时的海量积累。

朝鲜战争爆发后，毛主席掌握的情报也并不完备，但他却能在朝鲜人民军胜利南进时，就依据参谋人员提供信息判断美军可能在仁川登陆，迅速命令四野主力北上，赢得宝贵作战时间。做出这样正确战略判断，与毛主席全面丰厚积淀素养密不可分。在战争这个充满不确定性领域，“信息茧房”无疑是兵家大忌。两军对阵，不仅要了解敌方的战略企图、军事部署和兵器数质量，更要从对方的历史、文化和统帅特点做出综合分析判断。

成人的心理世界没有童话，军人的心理世界不能乞求罗马式和平。信息爆炸时代，每一名干部都应具备一双“雷达”式的双眼，既保持对知识的“饥饿感”，又能以最开阔视野，枕戈待旦不落后，以赢得主动、赢得优势、赢得未来。

2018 年 11 月 15 日刊登于《空军报》4 版

练锐器也增锐气

“二战”时期，法西斯德国集中190个师的兵力直驱莫斯科城下，从装备上来看德军优势明显，火炮是苏联的1.84倍，坦克是苏军的1.71倍，飞机是苏军的2倍，然而苏联却在装备悬殊下打赢莫斯科保卫战。有人归结，胜战原因有气温骤降至零下40摄氏度的自然因素，有德国劳师远征的天然被动，但归根到底，靠的是苏军誓死保卫祖国的豪气和面对强敌敢于亮剑的勇气。当时，苏联军人抱着必死的信念：未守住国家最后一片领土，宁愿战斗至死。

迈向世界一流征程中，武器装备更新换代步伐日益加快，赋予手中的装备愈加先进。但试问，装备“升级”了，战斗精神“升级”了没有？飞行的平台更好了，空战的底气更足了没有？导弹的精度更准了，与阵地共存亡的信念更坚定了没有？如此一系列问号，是备战应有的内心拷问。

时下，一些模糊认识常常有之。有人认为，在冷兵器时代和机械化条件下作战，战斗精神起关键作用，但打赢未来战争靠的是科技“代差”，战斗精神“贬值”了。殊不知，战争从来既是物质力量的较量，更是精神意志的比拼。战斗力，也从来都是人和武器两大因素构成。武器装备无论多么先进，都不能代替人的战斗意志和战斗作风所激发的力量。装备不断在变，但人的因素是其中最活跃、最有决定意义的因素不会变。从这个维度看，打赢未来战争，战斗精神作用不是“贬值”了，而是“升值”了。

“黄沙百战穿金甲，不破楼兰终不还”，“宁可自己鲜血流，不让祖国寸土丢”。回望我军波澜壮阔的辉煌战史，从两万五千里长征到横扫千军如卷席，从抗日战争到抗美援朝，均是在装备落后情况下，以弱胜强力挽狂澜，“钢少气多”战胜“钢多气少”。靠的是什么？靠的就是血性和战斗精神。如今，装备越来越先进，突出了装备作用不等于淡化人的作用。练锐器更需增锐气，“精技”与“增气”必须高度统一，越是装备科技含量高，愈加需要战斗精神的加持和赋能。

狭路相逢，比的不仅是谁的装备更先进，更比谁有敢于亮剑的英雄气概。曾击落过美国王牌飞行员戴维斯战机的中国空战英雄张积慧，空战中炮弹打光后被一架战机死死咬住，千钧一发之际，他狠下“把他撞下去那就够本了”的决心，猛拉操纵杆掉转机头朝敌开炮连发3炮，敌人惊慌失措后失控撞在山上，机毁人亡。唯有培养压倒一切敌人的意志品质，激发敢打必胜的士气、不怕牺牲的豪气和有我无敌的霸气，才能在战场上更加神勇。

兵法云：“合军聚众，务在激气”，“气实则斗，气夺则走”。一支时刻准备打仗的军队，更易凭借英雄气概和精神力量实现“不战而屈人之兵”。战争理念和作战样式正在发生深刻变化，战斗精神也要被赋予新的时代内涵，游刃有余用好新装备，也要与时俱进使战斗精神焕发新光彩。

手握“锐器”，血性虎气不仅不能丢，还要紧紧跟上时代步伐融入具体实践，既从国家安全大势中找准血性虎气价值取向，也从军事变革态势中明晰血性虎气的前行方向，更从我党我军优良传统中坚定理想志向，实现“器不胜心亦胜”，抑或“器胜心更胜”。

2019年5月刊登于《基层政工读物》卷首语

让崇尚简约成为一种政治文化

1948 年，解放济南重大战役中，十三纵一〇九团授予“济南第二团”的请示电这样写道：十三纵一〇九团于五时登城后，经七小时血战，将敌击溃，使突破口巩固，掩护主力入城，提议给该团以济南第二团之称号，望速复。高层批复：同意给九纵七三团以济南第一团，十三纵一〇九团以济南第二团的称号。请示电正文不含标点符号仅有 53 个字，却把背景原因、请示事项、急盼答复等诉求简洁扼要地高度凝练，这种简明精悍文风，正是我党崇尚简约、务求实效的生动彰显。

大道至简。无论办文办事，都应崇尚简约，力求用简洁形式、简短话语、简练内容、简约程序、简单办法，让工作凸显高效率高质量。延安时期，党的政治文化简洁而朴实，各级领导干部轻车简从，各级机关带头写短文说短话，各种会议不务虚功务求实效。崇尚简朴的毛主席，在破旧窑洞中简单碰头却指挥着千军万马；热衷享受的蒋介石，在豪华办公室批阅无数文电却最终败走台湾。

实际工作中，办事程序繁琐、会议内容繁杂、接待任务繁重还不同程度存在，形式主义各类变种仍繁衍滋生。有的把讲话时间长度当作对工作重视程度，有的把材料篇幅长短当作个人能力水平高下，有的把程序繁琐当作把关严谨，有的把陪同规模当作迎检标准，各种隐藏形式主义，让各级有苦说不出，工作效率提不高。

繁琐复杂的根子是形式主义。提倡简约工作，不仅可以降低工作成本，也有利于改进工作作风。对繁琐复杂导致的无谓麻烦，要果断做“减法”，该消化的消化，该简化的简化，该优化的优化。让工作简约，应从方法上科学把控、精准施策，多在脑中问一问几个有没有必要。过去习非成是的老办法老套路还有没有必要存在？没有足够理由存在的东西还有没有必要保留？与提升工作质量无关的动作还有没有必要设计？切实以结果导向、问题导向、效果导向来牵引工作设计。

高尔基曾说，一切出色的东西都是朴素的。崇尚简约是以少胜多、以简胜繁的思维。简约并不意味着简单化，而是一种复杂之后的简约，一种沉淀之后的简便。有位领导说，机关干部要在脑中把事情想复杂一点，办起来就简单了；如果在脑中把事情想简单了，办起来就复杂了。摒弃繁琐迎来送往，扫除空洞文山会海，砍掉影响效率的诸多环节，抓住事物最本质联系，才能扭住提升工作质效核心要素。把复杂问题简单化，不仅提高的是工作效率，也是对领导者、参与者、实践者的解脱和减负。

简约不是简单，一切的简约都应在制度和规矩的框架内运行，该有的程序，该走的环节，还是应一步步抓好抓实。简约也不是简单“做减法”，“减量”还应“提质”。有时也需要让必要形式服务工作，避免让冗杂形式干扰中心。

2020 年 9 月 29 日刊登于《空军报》头版

后记

生在豫章，红色熏陶。求学长安，留任高校。五立寸功，未敢生骄。奉调京华，居高远眺。旃坛星光，前路迢遥。文字颂党，胸怀浩渺。文章报国，行走大道。

《大道思语》——一部新时代追求修齐治平理想的哲思随笔集，可以说是有心为之，也可以说是无心而作。

有心，出版《走笔大学》时，就一直在想，这不应是一个句号，而只是一个逗号。无心，自己也不知道究竟要写多少篇，下一篇打在哪个点，大多是有感而发而不是刻意抒发，但始终离不开铁马秋风、战地黄花、楼船夜雪、边关冷月下的修齐治平。书中文章，时间跨度很大，有的可追溯我上大学时所写，但多集中在我高校工作时期。彼时，爱思考，有时间，多激情；当下，仍爱思考，但缺时间，更多约束。从朝阳门到德胜门，从小浐河到大北海，从长乐路到长安街，就这样用文字掠过人生最美好年华。

书中言论八十余篇，本想凑个百，后又觉得不妥，因为百即全，全则亏，满则溢。其实早就过百，不过许多觉得不适合收录文章就舍弃了。甲辰冬日的一个上午，见到作家出版社鲍坚社长，他建议再压一压，有的篇目在原作基础上又重新修改题目，力求更加文学化一点。这些文章风格既多元，又很统一。

多元，因我曾以央媒官方微信平台特约评论员身份写过评论，可较为自由阐述思想、阐发感情，不用考虑篇幅，不必在意体例，有的文章曾一天内就成“顶流爆款”，充分说明正能量也可成为抓住人心的大流量。

同时，书中言论也多见诸报端，在党报党刊发表，又必须思想深刻、言简意赅，符合纸媒版面小而精悍、文风稳而端庄的要求，正能量亦应成为出思想的大变量。

统一，所有言论，正能量是不变底色，都是向上向善的。就像我写在个人第一本书封面的一句话：向着阳光走，走出属于自己的阳光。

显然，正能量言论是较难写的，往往不讨好不讨喜，有时甚至被扣上“鸡汤”的帽子、给人“讨厌”的观感。但在意识形态这个战场上，宁可十年不将军，不可一日不拱卒。我们要当就当坚强斗士，不当爱惜羽毛的绅士，要契合正大之心，不迎合粗俗之趣。言论既最体现思想，稿费也最高。文中一些言论，多达到千字千元，让我曾一度感受过文字的“甜头”、思想的“甜味”，但更重要的是，为这个时代发出一点正能正向的微光，让祖国舆论场多一丝“甜美”。

凡·高说，我梦见了画，然后画下了梦。他还说，一个人绝不可以让自己心灵的火熄灭，而要让它始终不断地燃烧。因为内心的朴素理想，我将《大道思语》分为“修心之谈”“育心之见”“丹心之论”“兵心之识”四个篇章，既有机契合士大夫修身齐家治国平天下的追求，又有机反映我长期追求自律、长期在高校工作、长期在大熔炉锻造的心路心语、道理哲理。修身是基础，是齐家治国平天下的基座，理应文章最多，未想到恰巧书里篇数就是最多，是偶然，也是必然。

书法讲究人书俱老，文章也应如此。随着人知识阅历的愈发醇厚，有些文章回过头看，是不是还可再提升提升呢？我想，的确又认真通读了两遍，做了细微修改。变的是，细节上的增删提升，或是文名的权衡提炼，力求更加深邃深刻、平实平和。但不变的是，对事情本身的认知，对问题本身的态度，这是价值观决定的。在广西，曾和一位中文系毕业的地市主官交流，我劝他出本关于从政的书，他说人创作最好的年龄是三十来岁，现在他感觉思想似乎有点被束缚。想想颇有道理，《大道思语》的许多文章，现在让我写，发现我还真不一定能写出来了。2024 年，人类开始可以用人工智能写文章了，我也试过里面的文章用人工智能来写，发现也不错，但始终感觉缺点“人味”和“人文”的精神关怀。

之所以叫随笔集，是听从当代著名作家陈彦的建议。2024 年 5 月，中国作协副主席陈彦、中国书协副主席张继和我三人相约中国美术馆，现场观看全国第十三届书法篆刻展。观展结束后，坐在陈彦主席车上，聊起我的书，陈主席说：“你那本《大道思语》文集文笔很好啊，我看也可以叫随笔集，因为工作关系，你是收着写的，还没有放开，要不会更好。”听从大师指点，我把本书从开始的哲思言论集改为哲思随笔集。书籍那将付梓之际，又得到编辑翟婧婧的鼓励：她说这本书值得每一名青少年阅读。让我感动许久。

书的成功出版，特别要感谢为我题写序言的各位名师大家，有中国作协副主席、茅盾文学奖获得者陈彦，中国作协副主席、茅盾文学奖获得者贾平凹，中国文字著作权协会会长、茅盾文学奖获得者柳建伟，老师们的肯定认可让本书更加厚重。特别要感谢为本书书名和篇章页题写书法作品的书法家朋友们，中国书协副主席张继，中国书协理事李洪海、王学岭、张维忠、龙开胜，他们让本书更加丰富。特别要感谢为我绘制肖像画的中国美术家协会会员袁晓梅老师，她的画作使本书更具艺术特色。特别要感谢我的老处长聂世轩，他是我第一本书《走笔大学》的忠实读者，也是我第二本书《大道思语》逐字逐句校对的编辑，他让这本书更加稳慎。还要感谢我的儿子陈以恒、女儿陈以瑶，他们一直鼓励我奋斗奋进。

冀以尘雾之微补益山海，荧烛末光增辉日月。最后想说，这是送给四十岁的我一个美好节点的礼物，走在光明的大道上，是思语，是心语，更是正语。

图书在版编目（CIP）数据

大道思语 / 沉着著. -- 北京：作家出版社，2025.9.

ISBN 978-7-5212-3696-5

Ⅰ. I267

中国国家版本馆 CIP 数据核字第 20253FR493 号

大道思语

作　　者：沉　着
责任编辑：翟婧婧
封面设计：百丰艺术
出版发行：作家出版社有限公司
社　　址：北京农展馆南里 10 号　　　　**邮　　编**：100125
电话传真：86-10-65067186（发行中心）
86-10-65004079（总编室）
E-mail: zuojia@zuojia. net. cn
http: //www. zuojiachubanshe.com
印　　刷：河北京平诚乾印刷有限公司
成品尺寸：152×230
字　　数：218 千
印　　张：16.5
版　　次：2025 年 9 月第 1 版
印　　次：2025 年 9 月第 1 次印刷
ISBN 978-7-5212-3696-5
定　　价：88.00 元
